红色基因的
培植与传承研究

杨玉玲　刘志兵 等　著

人民出版社

目　录

前　言

弘扬革命精神、革命文化，传承红色基因，是党的十八大以来习近平总书记着眼在中国特色社会主义新时代永葆党的先进性和纯洁性，保持和发展党和国家政治优势，推进党和国家事业薪火相传、继往开来，确保红色江山永不变色、世世代代传下去而提出的重大时代课题和重要战略任务。

无产阶级政党自诞生之日起，就在马克思主义的指导下，与生俱来地拥有根本区别于其他剥削阶级政党的鲜明的政治基因——“红色基因”，这就是社会主义和共产主义的远大目标、无产阶级专政的国家政权、共产党的领导、民主集中制的领导制度等。中国共产党自创建之日起，就忠实地承继了一个无产阶级政党应有的优秀基因，并且把马克思主义基本原理与中国革命、建设和改革的具体实践相结合，始终把“为中国人民谋幸福、为中华民族谋复兴”作为自己的初心使命，一路走来，始终不渝地坚守与践行，领导全党全国各族人民团结奋斗，深刻改变了近代以后中华民族发展的方向和进程，深刻改变了中国人民和中华民族的前途和命运，深刻改变了世界发展的趋势和格局，为中华民族作出了伟大历史贡献。

回顾历史，中国共产党为什么能够在近代中国众多政党中脱颖而出，成为引领中国进步发展、领导中华民族复兴无可替代的坚强领导核心，优良、先进的红色基因是最根本的、决定性的因素。这种红色基因也是中国共产党由一个最初的50多人的小党仅仅过了28年就走向全国执政，成功执政70多年并将长期执政的根本原因。中国共产党成立100多年、新中国成立70多年来，红色基因薪火相传、蓬勃发展，成为中国人民独特的精神标识，在推动中华民族实现站起来、富起来的伟大飞跃继而迈向强起来的伟大征程中发挥了重大作用。正如2021年2月20日习近平总书记在党史学习教育动员大会上的讲话中所指出的：在一百年的非凡奋斗历程中，“我们党之所以历经百年而风华正茂、饱经磨难而生生不息，就是凭着那么一股革命加拼命的强大精神”。“这些宝贵精神财富跨越时空、历久弥新，集中体现了党的坚定信念、根本宗旨、优良作风，凝聚着中国共产党人艰苦奋斗、牺牲奉献、开拓进取的伟大品格，深深融入我们党、国家、民族、人民的血脉之中，为我们立党兴党强党提供了丰厚滋养。”①

本书所研究的“红色基因”，就是特指作为无产阶级政党的中国共产党自创建以来，以马克思主义为指导，在领导中国人民进行革命、建设和改革的伟大实践中，逐渐形成与发展的一系列一以贯之的、决定中国共产党根本性质、发展方向与前途命运的根本价值理念体系。以红色基因为核心价值导向，中国共产党不仅创建和发展了一系列具有鲜明特色的优良传统和作风，而且在执政以后将这些红色基因植入新中国国家制度，创立了一整套具有中国特色的社会主义政治、经济、军事、文化制度，为新中国的进步与发展提供了根本制度支撑。今天，红色基因已经深深地熔铸于当代中国社会和中国共产党的肌体，是现代中国、中国共产党区别于其他国家与政党的显著标识，是立国之本、立党之本。

改革开放以来，我们党领导人民进行社会主义现代化建设取得了举世

① 习近平：《在党史学习教育动员大会上的讲话》，《求是》2021年第7期。

瞩目的伟大成就，但是，我们要清醒地看到，在长期执政、改革开放、市场经济、外部环境等诸多考验下，我们党仍然面临精神懈怠、能力不足、脱离群众、消极腐败等危险，一些党员甚至产生了信仰危机，淡化和忽视党的优良传统和作风；社会上一些人受外部反华势力西化、分化影响，对我国的基本政治制度、经济制度等产生怀疑和动摇，红色基因的传承面临严峻挑战。正是在这种历史背景下，习近平总书记高度重视红色基因的传承，多次前往革命老区，参观英模人物、革命文物展览，解读“中国奇迹”背后的必然逻辑。2013 年 2 月，习近平总书记在兰州军区视察时强调指出，西北地区红色资源丰富，是延安精神的发源地，要充分发扬红色资源优势，深入进行党史、军史和优良传统教育，把红色基因一代代传下去。2014年4月29日，习近平总书记在视察新疆军区某红军师时再次强调，要把红色基因融入官兵的血脉。这一重要思想及习近平总书记关于学习中国历史特别是党史军史的一系列重要论述，向全党、全社会提出了红色基因的研究与传承这一重大时代课题。此后，习近平总书记在多个场合反复强调，要教育引导全党大力发扬红色传统、传承红色基因，赓续共产党人的精神血脉，始终保持革命者的大无畏精神，鼓起迈进新征程、奋进新时代的精气神。

正是在这种时代大背景下，学术界对红色基因的研究迅速升温，发表了大量研究文章，对党的红色基因的内容、重大作用及实践传承途径开始了初步探讨，不少方面的研究很有特色并取得突出成绩。但总体而言，内容大多局限于革命精神、优良传统和作风等层面，且略显零散而不系统，既与“基因”这一特定概念的独特内涵的契合度上有一定差距，也对红色基因的历史演进、谱系构成、功能作用及其内在传承规律等基本理论问题的系统研究和总结关注不够。而这些恰恰在红色基因培植与传承中居于基础性地位。如不及时回答和解决，会直接影响人们对党的红色基因的正确认知和政治自信，直接影响红色基因培植与传承的实践效果。特别是在中国特色社会主义新时代，各项建设事业对党的先进性和纯洁性、对党的领导能力提出了更高要求，迫切需要我们对红色基因进行更加系统、全面和深入的理论研究。这正是本书的研究取向和目标追求。

本书从生物遗传学“基因”这一概念本义出发，观察分析“红色基因”这一人文社会领域概念，研究解析了关于“红色基因”的一系列基本问题，主要包括红色基因的主体及其内涵要义、功能作用和显著特征，红色基因的谱系构成、主要载体与外化表征、传承机理，以及面向新时代培植与传承红色基因的若干战略思考等。以期通过对上述红色基因培植与传承相关基本问题的理论与实践探讨，帮助广大党员干部群众正确认识和把握党的红色基因，不断增强对党的红色基因的思想认同、政治认同和情感认同，从中汲取奋勇前行的强大动力，更好地服务于新时代中国特色社会主义理论与实践，为实现中华民族伟大复兴中国梦而奋斗。

第一章　红色基因的内涵、结构和特征

近年来，随着习近平总书记对红色基因传承重要性的不断强调，理论界开始对“红色基因”这一概念的内涵要义、内容构成、基本特征和功能作用等诸多问题展开探讨与研究，从不同角度进行了阐释，提出了一些不同看法，但尚未形成较为系统、成熟的认识框架。正确认识这些基本理论问题，是深刻认识和把握红色基因的培植与传承特点规律的重要前提。

一、红色基因的内涵与功能作用

“基因”是自然科学领域遗传学的一个基本概念，通常是指控制生物个体性状的基本遗传单位。为了解释和说明人类社会文化传承关系，人们将自然界的“基因”概念引入社会科学，并发明了“meme”①（模因）一词。

① “meme”这个词最初源自英国著名科学家理查德·道金斯（Richard Dawkins）所著的《自私的基因》（*The Selfish Gene*）一书。

《牛津英语词典》将“模因”定义为：“文化的基本单位，通过非遗传的方式，特别是模仿而得到传递。”应该说，模因理论是生物遗传学中基因理论在文化传播领域的借用，它保留着生物遗传意义上基因传递的基本规律，成为人们解释文化传播现象的一种理论工具。在我国，“红色基因”作为一个生物遗传学的概念，于20世纪70年代就已经出现①，其后二三十年间主要用于自然科学领域。大约在2000年前后，“红色基因”开始引入人文社会科学领域，②在社会政治与文化意义即政治文化视域下使用，这也是本书使用这一概念的意指所在。

（一）红色基因内涵解析

无论在生物界还是人文社会领域，基因总是存在于一定的载体之中。目前为止，学界对红色基因的内涵还没有形成一个具有共识的统一定义。从既有研究看，区分主体的不同，在概念使用上大致有以下三种不同的表述：

其一，将红色基因的主体规定为中国共产党。一些研究者认为，红色基因是“中国共产党人的精神内核”③，是“我们党领导全国各族人民和人民军队在革命、建设、改革各个历史时期孕育、积淀形成的光荣传统和优良作风”④。在这一主体之下，有学者还认为除了党的“光荣传统和优良作风”之外，红色基因还应该包括“党在长期奋斗中锤炼的先进本质、思想

① 云南省农科所情报资料室：《遗传学基础知识》连载四，《云南农业科技》1976年第2期。

② 就笔者所见，“红色基因”在人文社科方面较早的应用出现于2000年。毕文波：《执教者言（续七，二则）》，《南京政治学院学报》2000年第5期。

③ 魏忠胜：《让“红色基因”世代传承》，《湖南日报》2011年7月29日；《传承红色基因　彰显时代价值》，《江西日报》2014年5月23日。

④ 张连国：《把红色基因融入官兵血脉》，《解放军报》2014年7月23日。

路线”①。

其二，将红色基因的主体规定为中国共产党和党领导下的人民军队。有研究者认为，红色“是共产党员、革命军人的精神本色”②，红色基因是“我党我军在长期革命建设历程中形成的光荣传统和优良作风”③。此外，在上述主体不变的前提下，有研究者并未将红色基因明确指向“光荣传统和优良作风”，而是将其表述为“精神信仰、价值观念”。④

其三，将红色基因的主体拓展至整个中华民族。有文章指出：“‘红色基因’是中华民族的精神纽带”，它孕育了“永放光芒的抗洪抢险精神、抗震救灾精神、北京奥运精神、载人航天精神”等，鼓舞着“一代又一代中华儿女为了中华民族的伟大复兴而坚强自立、坚持梦想、勇往直前”。⑤

本书认为，关于红色基因主体的认识，定位在中国共产党更加合适。在中国古代，“红色”一词有着极其丰富的内蕴，它象征着喜庆、顺利、成功或受人重视、欢迎。及至近代中国，“红色”一词的语义有了新的延伸，开始成为“激情”“革命”“进步”的代名词，是社会主义与共产主义的象征。在这个意义上，中国共产党是无产阶级政党，以马克思列宁主义为指导，致力于为共产主义而不断奋斗，更符合“红色”的象征意义，无疑应是红色基因的主体。

至于将红色基因的主体拓展至党领导下的人民军队这一观点，有待商榷。人民军队是中国共产党亲自缔造并绝对领导下的武装集团，是实现党

---

① 李安泽：《激活江西红色基因　凝聚改革发展正能量》，《江西日报》2014 年 7 月 21 日；刘雷：《传承红色基因是战略工程》，《人民日报》2014 年 11 月 9 日。

② 王文全：《把红色基因融入血脉》，《解放军报》2014 年 5 月 25 日。

③ 温庆生：《追寻革命军人的 DNA——兰州军区开展“红色基因代代传”活动纪事》，《光明日报》2014 年 10 月 26 日。

④ 丁行高、吴书海：《思想政治教育应重视传承和运用红色基因》，《军队政工理论研究》2014 年第 4 期。

⑤ 魏忠胜：《让“红色基因”世代传承》，《湖南日报》2011 年 7 月 29 日。

的政治任务的工具，当然而且必须以党的方向为方向，听党话，跟党走，忠实承继中国共产党的红色基因。事实上，在革命战争年代，人民军队是党的红色基因的重要承载者和彰显者。但是，归根到底，作为实现党的政治任务的工具，人民军队没有也不能有自己独立的政治属性。从这个意义上讲，人民军队只能是党的“红色基因”的传承者，而不是它的创造者。自三湾改编以来，随着党对军队领导权的不断增强，即便人民军队在红色基因的传承中有所创造，也大多可归结为中国共产党的创造。所以，将红色基因的主体拓展至人民军队，是不恰当的。

同时，将红色基因的主体进一步拓展至中华民族，也是不合宜的。一方面，红色基因是一个具有浓厚的政治色彩的政治性术语，而“中华民族”这个概念显然消融了红色基因所内蕴的鲜明的阶级性、革命性特征；另一方面，在时间跨度上，二者也难以契合。中华民族的形成与发展可以追溯至先秦时期，而今天使用的红色基因就其内涵所指，从源头上讲则始于近代以来，特别是与十月社会主义革命、马克思主义在中国的传播、中国共产党的创立发展及其领导中国革命、建设和改革等历史实践和思想理论有着更为直接而本质的内在关系。

在上述有关红色基因界定的研究中，除了主体的区别以外，关于红色基因的形成过程，绝大多数学者认为红色基因是中国共产党在领导革命、建设和改革的伟大实践中长期孕育、积淀形成的。但个别研究者对这一过程是否应含括改革时期有不同意见。本书更倾向于将改革开放和社会主义现代化建设新时期囊括其中。毋庸置疑，作为秉持马克思主义指导的无产阶级政党，中国共产党自建立伊始，就具备了马克思主义政党最基本的红色基因。但是，一个事实是，中国共产党始终立足中国国情政情推动着马克思主义中国化，这些由经典马克思主义理论而来的、原初的红色基因，始终面临着一个中国化、时代化的问题。换言之，中国共产党在马克思主义的旗帜下不断地创造着、丰富着属于自己的、独特的红色基因谱系，即中国化的马克思主义，而且这种创造在改革开放和社会主义现代化建设新时期以至于中国特色社会主义新时代一直在继续。因此，这个历史过程应该是一个持续不断、延续至今的过程。此外，红色基因不仅是长期形成的，而且是一以贯之的价值体系。今天，我们只有把它们放在一个持续发展至今的时间长河中，系统考察各个历史时期，才能更清晰地把握、更好地甄选红色基因的价值内核，从而更准确把握其时代内涵。

在红色基因内涵的具体指向问题上，研究者们也提出一些不同看法。如前所述，有的将红色基因定位于党的光荣传统和优良作风层面；有的在光荣传统和优良作风的基础上，增加先进本质和思想路线；有的认为红色基因的具体指向应是精神信仰和价值观念。本书更倾向、赞同第三种看法，即价值理念层面的概括。原因在于，如果将红色基因的内容定位在光荣传统、优良作风、先进性本质和思想路线等层面，那么，这个概念提出的意义无疑会大打折扣。除了作为一个时新的词语用于宣传教育外，理论研究的焦点将自然转向其具体所指的光荣传统、优良作风、先进性本质和思想路线，而这些内容是我们多年来一直在研究的东西。此外，这四者在具体内涵上并非处于同一层面。应该说，光荣传统、优良作风和思想路线都是党的先进性本质的外在体现，而思想路线则属于根本思想方法。同时，四者之间也存在内涵上的相互交叉。如：光荣传统和优良作风，这二者在党的范畴内很难区分清楚。同样，实事求是的思想路线与理论联系实际的优良作风同样有很多的交叉重合。在实践中，我们可以发现，我们党在使用红色基因这一概念时，更多地落脚在根本的价值理念层面，也更多地在红色基因这个概念之下阐述党的光荣传统、优良作风等问题的。这反映了对党的光荣传统、优良作风等在价值层面的认识深化和升华，党的核心价值追求对我们党来讲，更带有根本性。只有在这个意义上理解这一概念，才能较好地把握红色基因这一概念的深刻政治意义，也才能深刻认识和准确把握习近平总书记在中国特色社会主义新时代突出强调传承好红色基因的深远战略考量。

综合上述分析，本书认为，红色基因的主体为中国共产党，考察红色基因的时间脉线，应延展至当下的中国特色社会主义新时代。对红色基因的具体内涵指向的考察，应主要着眼于价值理念层面。进而言之，不妨将红色基因的内涵作如下概括：红色基因是中国共产党在领导中国人民进行革命、建设与改革的伟大实践中，把马克思主义与中国实际相结合，逐渐形成和发展的一系列一以贯之的、决定中国共产党根本性质、发展方向与前途命运的价值理念体系。红色基因内蕴着马克思主义世界观价值观方法论、党的性质宗旨和奋斗目标，外化为党在不同历史发展阶段所形成的稳定的精神品格和文化取向。

为了更准确地把握红色基因的内涵外延，这里，有必要对红色基因与几个语义相近的概念词语如“红色文化”“红色精神”，以及社会主义核心价值观等的关系作以简略辨析，以表明对“红色基因”进行独立研究的特别价值。

在笔者看来，文化的内核就是价值观，红色文化当然内含有与红色基因相类同的价值理念层面的指向，但它却不是唯一的。文化通常包括物质文化和精神文化两个方面，有人认为还有一种称之为“制度文化”的东西。在物质文化层面，红色文化即党在革命和建设时期形成的革命战争遗址，革命会议遗址，领袖的故居、旧居，革命文献等物质层面；在精神文化层面，即所谓红色文化，主要体现为中国共产党人在不同历史时期形成的革命精神，亦称为“红色精神”。在既有研究中，关于红色精神的内涵，比较有代表性的观点认为红色精神主要指“中国共产党领导中国各族人民为追求中华民族独立、民主、富强的新民主主义革命、社会主义革命和建设、改革开放和社会主义现代化建设的伟大实践中，凝聚于具体的历史事件、地点与典型人物身上的优秀品格的反映，是能够激励后人奋发向上、促进社会健康和谐发展的伟大精神”①。具体讲，如新民主主义革命时期有伟大建党精神、井冈山精神、苏区精神、长征精神、遵义会议精神、延安精神、西柏坡精神、红岩精神等；社会主义革命和建设时期有抗美援朝精神、“两弹一星”精神、雷锋精神、大庆精神等；改革开放和社会主义现代化建设时期有特区精神、抗洪精神、抗震救灾精神、女排精神等；中国特色社会主义新时代有抗疫精神等。因此，可以说红色精神是红色文化在精神文化方面的体现。至于在制度文化层面，红色文化则主要指向是党在革命、建设和改革时期制定的理论、纲领、路线、方针、政策、法规等具有刚性规范的内容。显然，无论是“红色文化”“红色精神”还是党的制度文化，都是红色基因的重要载体和外化表现形式，红色基因作为一种更高层面的核心价值理念凝结，则是内含于其中的价值内核部分。较之红色基因，红色文化、红色精神的外延要更为宽泛一些。

那么，同为价值内核层面，党的红色基因与社会主义核心价值观又是什么样的关系呢？从社会主义核心价值体系的提出与建构，到社会主义核心价值观的表述与概括，其间学术界进行了深入的探索与激烈的争鸣。有学者指出：“从根本上说，中国特色社会主义价值观，就是马克思主义价值观。”②马克思主义是中国共产党的指导思想，社会主义与共产主义是中国共产党的崇高理想，“中国特色社会主义共同理想，是全党全国各族人民共同奋斗的理想信念”③。因此，从理论渊源上看，红色基因与社会主义核心价值观是一致的。但是，如前所述，红色基因的主体应限定于中国共产党，这与社会主义核心价值观的主体有所不同。后者的主体是国家与社

① 楼国军：《红色精神与党的思想建设关系研究》，赣南师范学院硕士学位论文，2012年。

② 袁贵仁：《价值观的理论与实践——价值观若干问题的思考》，北京师范大学出版社2006年版，第4页。

③ 《坚定不移地走中国特色社会主义伟大道路——认真学习胡锦涛总书记在中央党校的重要讲话之二》，《人民日报》2007年6月29日。

会，而且社会主义核心价值观在具体内容上不仅涵盖国家层面、社会层面，还包括个人层面，它们在主体上的区别显而易见。正如习近平总书记所指出的："我们倡导的富强、民主、文明、和谐，自由、平等、公正、法治，爱国、敬业、诚信、友善的社会主义核心价值观，体现了古圣先贤的思想，体现了仁人志士的夙愿，体现了革命先烈的理想，也寄托着各族人民对美好生活的向往。"①

从理论上厘清了上述概念的联系与区别，有助于我们准确界定红色基因的内涵并进行理论阐释，也有助于在实践中正确处理和把握其内在关系。

（二）"红色基因"的功能作用

"基因"作为控制生物个体性状的基本遗传单位，主要有两个显著特点：一方面，基因能忠实地复制自己，从而稳定地保持生物自身的基本特征；另一方面，基因也能以"突变"的方式，对原生物进行或好或坏的改变。但从总体上讲，血脉相传是基因的最基本功能和作用。由此，我们可以看出，红色基因作为中国共产党的价值理念，至少具备以下几个方面的功能。

第一，保本固根功能。这是因为，红色基因根源于马克思主义的世界观、价值观和方法论，规定了党的性质、宗旨和奋斗目标。建党一百多年来，正是由于红色基因的有效培植与传承，使得中国共产党虽历经革命、建设和改革不同时代、不同任务，依旧能够始终保持着自身的先进性和纯洁性，始终是一个站在时代前列、人民衷心拥护、勇于自我革命、经得起

① 习近平：《从小积极培育和践行社会主义核心价值观——在北京市海淀区民族小学主持召开座谈会时的讲话》，《人民日报》2014 年 5 月 31 日。

各种风浪考验、朝气蓬勃的马克思主义政党。红色基因的保本固根功能还在于，红色基因的培植与传承所产生的丰硕历史成果，有力地印证了“没有共产党就没有新中国”“只有社会主义才能救中国”“只有坚持和发展中国特色社会主义，才能实现中华民族伟大复兴中国梦”的伟大真理，昭示了一百多年来中国共产党被历史和人民选择为执政党的历史，这一巨大实践效能足以引导全党全社会深刻认同党的执政地位，毫不动摇地坚持党的领导，继而为中国特色社会主义理论与实践提供价值支撑。

第二，精神激励功能。红色基因的培植与传承所激发出的革命精神和动力，激励着一代又一代共产党人为民族复兴、国家富强、人民解放而不懈奋斗。它催生出中国共产党的光荣传统和优良作风，集中体现了革命、建设和改革各个历史时期的信仰追求和精神品格，是党的最可宝贵精神资源。今天，它依然能够激励全国各族人民尤其是广大党员干部始终保持奋发有为、一往无前的精神状态，投身到新时代中国特色社会主义伟大事业中来，为实现中华民族伟大复兴的中国梦提供强大精神动力和力量源泉。

第三，社会价值引领功能。中国共产党是中国唯一执政党，党的红色基因必然也必须成为社会的主导价值而得到传承。事实上，党的红色基因是社会主义核心价值观的逻辑起点和核心内容，是社会主义先进文化的思想来源和重要组成部分。当今社会思潮多样，价值取向多元，意识形态交锋激烈，红色基因的培植与传承在激浊扬清，正本清源，引导人们确立正确的政治方向和坚定的政治目标，自觉抵制西方腐朽思想和文化的侵蚀，增强对社会主义的价值认同，培育和践行社会主义核心价值观等方面，有着不可替代的重要作用。不仅如此，红色基因还能够极大地增强全民族的文化自信。回顾党的奋斗的历程，毛泽东曾经这样讲：“自从中国人学会了马克思列宁主义以后，中国人在精神上就由被动转入主动。从这时起，近代世界历史上那种看不起中国人，看不起中国文化的时代应当完结了。”① 正是在党的红色基因的强大价值理念引领下，我们探索出符合中国国情的中国特色社会主义，而且建立起了对中国特色社会主义的“四个自信”。

第四，育人功能。红色基因始终彰显着革命性、先进性和感染力，激励着一批又一批革命先辈为共产主义而献身，为中华民族的独立与富强、为人民幸福生活而奋斗。今天，红色基因依然能够为党员干部和广大人民群众的思想与行为提供明确的价值导向，促使人们加倍珍惜今天的幸福生活，增强责任感和使命感，具有强大的育人功能。因此，进入新时代，习近平总书记反复强调：“革命传统教育要从娃娃抓起，既注重知识灌输，又加强情感培育，使红色基因渗进血液、浸入心扉，引导广大青少年树立正确的世界观、人生观、价值观。”② 强调“红色基因就是要传承”③，指出：“中华民族从站起来富起来到强起来，是一个不断创造奇迹的过程，不仅要让后代牢记，我们自己也不能迷失。数理化之外，爱国主义教育要加强，要让孩子们知道自己是从哪里来的，红色基因是要验证的。”④ 这些重要论述，都突出彰显了红色基因的育人功能和极端重要性。

红色基因所具有的上述功能作用，充分证明培植与传承红色基因的极端重要性。

二、红色基因结构序列

党的红色基因是一个价值观念体系，其具体表征也呈现出多样性。近

---

① 《毛泽东选集》第四卷，人民出版社 1991 年版，第 1516 页。

② 《习近平在安徽调研时强调　全面落实“十三五”规划纲要　加强改革创新开创发展新局面》，《人民日报》2016 年 4 月 28 日。

③ 《习近平李克强王沪宁赵乐际韩正分别参加全国人大会议一些代表团审议》，《人民日报》2018 年 3 月 9 日。

④ 王丽、刘沫：《传承中国共产党百年红色基因》，《湖北日报》2021 年 2 月 9 日。

年来，研究界从多个视野对红色基因的主要内容进行了深入探讨。从目前研究成果看，大多围绕共产主义的理想信念、中国共产党的核心领导、全心全意为人民服务的根本宗旨、清正廉洁的政治本色等方面而展开。这些研究，使得红色基因能够为一般民众更直观地感知与触摸。为了深入做好红色基因的培植与传承工作，便于对红色基因培植与传承机理进行深化研究，同时避免使红色基因的探讨陷入“碎片化”的境地，有必要对其内在结构序列进行系统化的分析。

本书认为，作为一个整体，红色基因至少应包括以下三个结构层。

（一）理论层面：马克思主义的科学理论

正如毛泽东所言，“十月革命一声炮响，给我们送来了马克思列宁主义”①。中国共产党在成立之初，就把马克思列宁主义庄严地写在自己的旗帜上。党的一大关于党的奋斗目标的规定，以及党的二大关于党的最低纲领和最高纲领的宣示，都说明中国共产党从一开始就是以马克思列宁主义作为自己的指导思想的。在1925年党的四大文件中已经开始使用“马克思主义”“列宁主义”等概念。②党的六大通过的《政治决议案》和《宣传工作决议案》中明确提出要“系统地宣传马克思列宁主义”③。1945年党的七大通过的新党章则明确指出：“中国共产党，以马克思列宁主义的理论与中国革命的实践之统一的思想——毛泽东思想，作为自己一切工作的指针”④。此

① 《毛泽东选集》第四卷，人民出版社1991年版，第1471页。

② 《建党以来重要文献选编（一九二一——一九四九）》第二册，中央文献出版社2011年版，第74页。

③ 《建党以来重要文献选编（一九二一——一九四九）》第五册，中央文献出版社2011年版，第395页。

④ 《建党以来重要文献选编（一九二一——一九四九）》第二十二册，中央文献出版社2011年版，第533页。

后，尽管党的指导思想的内容不断丰富与发展，但马克思列宁主义一直作为我们党的指导思想未有丝毫动摇。

正是源于对马克思列宁主义科学性与先进性的清醒认识，我们党始终坚持共产主义的理想信念，坚持人民民主的政治追求，坚持中国共产党的核心领导，坚持全心全意为人民服务的根本宗旨，坚守清正廉洁的政治本色。当然，马克思列宁主义不是教条，它需要与中国的具体实际相结合即马克思主义中国化，从而产生更加适合中国国情的新的科学理论。一百多年来，中国共产党把马克思主义基本理论与中国革命、建设和改革的具体实践相结合，不断推进马克思主义中国化，创新发展着党的指导理论。党的创新指导理论与马克思列宁主义是一脉相承的，它们是马克思列宁主义在我们党的指导思想中基础地位的最佳注脚，是当代中国马克思主义。必须从马克思主义基本理论来认识和把握党的红色基因的内涵与发展。

（二）制度层面：中国特色社会主义制度体系

在国家治理或社会生活领域，制度是政治的、文化的基因最重要、最稳固的载体和传承方式，这也是我们认识和把握党的红色基因的重要视角。

2019 年 10 月 31 日，党的十九届四中全会通过《中共中央关于坚持和完善中国特色社会主义制度、推进国家治理体系和治理能力现代化若干重大问题的决定》。《决定》对中国特色社会主义制度体系作了明确规定。在当代中国，红色基因在制度层面集中体现为中国特色社会主义制度体系，依据《决定》，这一制度体系主要包括：

第一，党的领导制度体系。这是红色基因在制度层面最为核心的内容。历史与实践证明，没有共产党就没有新中国；没有共产党也就没有繁荣发展的中国特色社会主义中国。中国共产党领导是中国特色社会主义最本质的特征，是中国特色社会主义制度的最大优势，党是最高政治领导力量。从坚持和完善党的领导制度体系看，这方面的制度建设主要包括：建立不忘初心、牢记使命的制度，完善坚定维护党中央权威和集中统一领导的各项制度，健全党的全面领导制度，健全为人民执政、靠人民执政各项制度，健全提高党的执政能力和领导水平制度，完善全面从严治党制度。[①] 总而言之，就是要把党的领导以制度形式贯彻落实到国家治理各领域各方面各环节。这是红色基因在国家制度上的根本体现。

第二，人民当家作主制度体系。我国是工人阶级领导的、以工农联盟为基础的人民民主专政的社会主义国家，国家的一切权力来自人民、属于人民。人民民主专政是具有中国特色的无产阶级专政形式。这一制度是以毛泽东同志为主要代表的中国共产党人结合中国国情历经艰苦卓绝的探寻而确立的。毛泽东指出："总结我们的经验，集中到一点，就是工人阶级（经过共产党）领导的以工农联盟为基础的人民民主专政。"[②] 作为我国的国体和根本政治制度，人民民主专政的核心，是人民当家作主。2013 年 11 月 12 日，党的十八届三中全会通过的《中共中央关于全面深化改革若干重大问题的决定》集中体现了人民当家作主的原则。《决定》强调要"坚持人民主体地位，推进人民代表大会制度理论和实践创新，发挥人民代表大会制度的根本政治制度作用"。历史发展到今天，人民当家作主的制度体系主要包括：人民代表大会制度这一根本政治制度，中国共产党领导的多党合作和政治协商制度，民族区域自治制度，基层群众自治制度，以及最广泛的爱国统一战线等。这是红色基因在政治制度上的重要体现。

第三，社会主义基本经济制度。具体包括：公有制为主体、多种所有制经济共同发展，按劳分配为主体、多种分配方式并存，社会主义市场经

---

① 《中共中央关于坚持和完善中国特色社会主义制度　推进国家治理体系和治理能力现代化若干重大问题的决定》，《人民日报》2019 年 11 月 6 日。

② 《毛泽东选集》第四卷，人民出版社 1991 年版，第 1480 页。

济体制等。社会主义基本经济制度既体现了社会主义制度优越性，又同我国社会主义初级阶段社会生产力发展水平相适应，是党和人民的伟大创造。这一制度是党的性质、宗旨和奋斗目标在国家经济基础上的集中体现，是党的红色基因的物化体现。

第四，社会主义先进文化制度。这是党的红色基因的文化体现。社会主义先进文化是广泛凝聚人民精神力量，巩固全体人民团结奋斗的共同思想基础，是推进国家治理体系和治理能力现代化的深厚支撑。社会主义先进文化制度主要包括：坚持马克思主义在意识形态领域指导地位的根本制度，坚持以社会主义核心价值观引领文化建设制度，健全人民文化权益保障制度，完善坚持正确导向的舆论引导工作机制。

上述这些制度，是红色基因最稳固的载体，也是最重要的培植与传承机制。坚持和发展中国特色社会主义，实现中华民族的伟大复兴，必须毫不动摇地坚持和完善这些重要制度不动摇，为党的红色基因代代相传提供坚强制度保证。

值得一提的是，除了上述国家层面的基本制度以外，在中国革命、建设和改革的历史进程中，90 多年来，党的红色基因在人民军队中得到忠实传承和创造性发展，形成了以坚持中国共产党对人民军队的绝对领导根本原则为核心的一系列制度安排，这就是：坚持人民军队最高领导权和指挥权属于党中央，中央军委实行主席负责制；实行党委统一的集体领导下的首长分工负责制；实行党委制、政治委员制、政治机关制，坚持支部建在连上等为核心的人民军队党的建设制度体系，以及确保把党对人民军队的绝对领导贯彻到军队建设各领域全过程的各项具体制度体系。从本质上看，这些制度是党的领导制度体系在军事领域的特殊实现形式，是中国共产党人的伟大创造，是红色基因在军队中的制度体现。历史证明，党对人民军队的绝对领导是人民军队的建军之本、强军之魂。进入新时代，必须坚持和完善党对人民军队的绝对领导制度。

（三）行为风范层面：中国共产党的优良传统和作风

红色基因作为党的核心价值追求，作为党区别于其他政党的显著标志，总是要形象、生动地外化、体现在党的工作、活动的方方面面，党员干部的作风和形象上。党的作风即党风，它是一个政党及其党员在政治、思想、组织、工作和生活上的经常性的态度和行为。无产阶级政党从诞生时起，就有着区别于其他政党的独特风格。无产阶级政党的党风是党的性质、宗旨、路线、纲领的重要体现，是党的创造力、战斗力和凝聚力的重要内容。1942 年，毛泽东在《整顿党的作风》中首次使用了“党风”的概念，提出要“反对主观主义以整顿学风，反对宗派主义以整顿党风，反对党八股以整顿文风”①。1945 年，在党的七大上，毛泽东把中国共产党的作风概括为三个方面，“这主要的就是理论和实践相结合的作风，和人民群众紧密地联系在一起的作风以及自我批评的作风”②，并且将其作为中国共产党区别于任何其他政党的显著标志。1977 年，在党的十一大上，邓小平进一步把优良传统和作风概括为：群众路线；实事求是；批评与自我批评；谦虚谨慎、戒骄戒躁、艰苦奋斗；民主集中制。中国共产党对自身的作风建设高度重视，认为党的作风“关系党的形象，关系人心向背，关系党和国家的生死存亡”③。在这个意义上，党的优良传统和作风同样是我们观察研究党的红色基因的重要视野。

作为红色基因的具体表征，上述三个方面是我们党区别于其他政党的显著标志，它们决定着党的根本性质、发展方向与前途命运。

---

① 《毛泽东选集》第三卷，人民出版社 1991 年版，第 812 页。

② 《毛泽东选集》第三卷，人民出版社 1991 年版，第 1093—1094 页。

③ 《十五大以来重要文献选编》下，人民出版社 2003 年版，第 1997 页。

三、红色基因的显著特征

据上述定义，不难看出，红色基因至少应该具备如下三个方面的显著特征。

（一）思想渊源的同一性

所谓思想渊源的同一性，党的红色基因都源于马克思主义，换句话讲，只有那些渊源于马克思主义的价值理念才是红色基因。只有与共产主义、社会主义的理想信念相一致的价值理念，才能进入中国共产党的红色基因谱系。我们党始终以马克思主义为指导思想，马克思主义是我们党的魂与魄，是党的所有红色基因得以产生、赖以发展之根、之源。中国共产党领导中国人民取得革命和建设的成功经验之一，就是坚持马克思主义的指导地位。毛泽东曾讲过，只有马克思主义，“才是引导中国革命走向胜利的指南针”①。马克思主义的指导地位，决定了我们党是无产阶级政党，党以共产主义为自己追求的最终目标，从而与资产阶级政党有了最显著的区别。当然，马克思主义不是教条，必须从中国实际出发，“把马列主义的普遍原理同中国的具体情况相结合，找到了适合中国情况的革命道路、形式和方法”②，即马克思主义中国化、时代化。在这个过程中，我们党历史上先后出现了毛泽东思想、邓小平理论、“三个代表”重要思想、科学发展观和习近平新时代中国特色社会主义思想等马克思主义中国化的创新理论成果，它们与马克思主义都是一脉相承的。要巩固马克思主义的指导

① 《毛泽东选集》第一卷，人民出版社 1991 年版，第 264 页。
② 《邓小平文选》第三卷，人民出版社 1993 年版，第 27 页。

地位，就必须“坚持不懈地用马克思主义中国化最新成果武装全党、教育人民”①，必须坚持用马克思主义引领社会思潮。只有这样，才能确保党的红色基因谱系的纯洁与先进。

（二）历史传承的一贯性

所谓历史传承的一贯性，有两层含义：一是指党的红色基因始终贯穿于党领导中国革命、建设、改革的全过程；二是指只有在经历了革命、建设和改革的不同历史发展阶段后，那些没有中断且本身没有发生本质变化的价值理念才是红色基因。当然，无论是基因的培育还是传承，都是一个动态过程，红色基因也是如此。在不同的历史发展阶段，中国共产党面临的基本国情不同，它的任务、目标和定位也有所区别，这使得不同阶段基因培育与传承的具体内容并不是完全一样的。而红色基因特指那些在经历了不同历史发展阶段沉淀下来的并将继续传承下去的价值理念。这是我们今天研究架构党的红色基因谱系的重要标准。

（三）地位作用的根本性

所谓地位作用的根本性，同样有双重意义。一是指那些决定中国共产党根本性质、发展方向与前途命运的价值理念才是红色基因。二是指红色基因对于中国共产党的生存发展而言，具有根本决定性作用。这是因为，作为生物物种的遗传密码，基因决定着物种的本质，是一个物种区别于其他物种的根本因素。红色基因也是如此，它是中国共产党区别于其他政党的显著标志，是攸关中国共产党前途与命运的决定性价值理念。这种

---

① 《十七大以来重要文献选编》上，中央文献出版社 2009 年版，第 26 页。

地位作用的根本性，与其历史传承的一贯性是相辅相成的。因为时间是最好的证明，那些能够经受时间考验，依然为中国共产党所坚守的价值理念就是最重要的，是决定中国共产党根本性质、发展方向与前途命运的价值理念。

红色基因的上述显著特征，有助于我们从整体上准确把握党的红色基因的性质和面貌。

第二章　红色基因的价值核心与谱系

我们党在领导人民进行长期革命实践中形成了一系列既具有鲜明时代特色又一脉相承的光荣传统、优良作风、伟大精神，沉淀为党的红色基因。党的红色基因，体现党的性质宗旨本色，彰显党的理论理想奋斗目标，决定党的精神风貌，是一个有着稳定的价值核心而又不断丰富发展的具有自生长能力的“基因谱系”。这个“基因谱系”由一个价值核心及其生发出的政治、精神、理论三重维度基因谱构成，并随着党领导人民不断奋斗的实践而丰富。

一、红色基因的价值核心

中国共产党从诞生之日起，就确立了为人民谋幸福、为民族谋复兴、为世界谋大同的核心价值追求，并为之孜孜以求，成为党领导人民不断奋斗的根本动力。2017 年 12 月 1 日，习近平总书记在中国共产党与世界政党高层对话会上发表主旨讲话再次强调：“中国共产党所做的一切，就是为中国人民谋幸福、为中华民族谋复兴、为人类谋和平与发展。”[①]四个月后，习近平总书记在会见联合国秘书长古特雷斯时进一步指出：“我们所做的一切都是为人民谋幸福，为民族谋复兴，为世界谋大同。”[②]这“三为三谋”是中国共产党红色基因的价值核心，是党的性质宗旨、精神风貌、思想理论的全部逻辑起点，是中国共产党生生不息发展壮大的生命源泉。培植和传承红色基因，就要紧紧抓住“三为三谋”这个红色基因的价值核心，在全部实践中为实现“三为三谋”而不懈奋斗。

（一）坚守为人民谋幸福的初心

“从哪里来”决定了我们“有什么样的基因”。中国共产党是一个无产阶级的先进政党，为人民谋幸福是其鲜明品质。马克思主义认为，人民群众是历史活动的主体和推动历史前进的决定力量。马克思主义政党明确把为绝大多数人谋利益作为最高的政治追求。《共产党宣言》鲜明指出：“过去的一切运动都是少数人的，或者为少数人谋利益的运动。无产阶级的运动是绝大多数人的，为绝大多数人谋利益的独立的运动。”[③]中国共产党自成立之日起，就庄严宣告自己站在无产阶级立场上，为劳动阶级和劳苦大众谋利益。党的一大通过的中国共产党第一个纲领鲜明提出要依靠无产阶级，组织工人运动，建立无产阶级专政，消灭私有制。党的二大通过的《关于共产党的组织章程决议案》鲜明指出：我们共产党“应当是无产阶级中最有革命精神的大群众组织起来为无产阶级之利益而奋斗的政党”。党既然是“为无产群众奋斗的政党”，就要“到群众中去”，组成一个大的“群众党”，“党的一切运动都必须深入到广大的群

① 《习近平谈治国理政》第三卷，外文出版社 2020 年版，第 436 页。

② 《习近平会见联合国秘书长古特雷斯》，《人民日报》2018 年 4 月 9 日。

③ 《马克思恩格斯选集》第 1 卷，人民出版社 2012 年版，第 411 页。

众里面去”。[①]党的七大第一次将为人民服务写进党章，明确规定“中国共产党人必须具有全心全意为中国人民服务的精神”[②]，从而在党的根本大法上确立了这一核心价值追求，并明确为党的根本宗旨。

党的主要领导人都对坚持党的宗旨作出许多精辟论述。毛泽东指出：“我们的共产党和共产党所领导的八路军、新四军，是革命的队伍。我们这个队伍完全是为着解放人民的，是彻底地为人民的利益工作的。”[③]邓小平指出：“中国共产党员的含意或任务，如果用概括的语言来说，只有两句话：全心全意为人民服务，一切以人民利益作为每一个党员的最高准绳。”[④]江泽民指出：“党的全部任务和责任，就是为人民谋利益，团结和带领人民群众为实现自己的根本利益而奋斗。”[⑤]胡锦涛指出：“全心全意为人民服务是我们党的根本宗旨，实现好、维护好、发展好最广大人民根本利益是我们一切工作的出发点和落脚点。”[⑥]习近平总书记提出坚持以人民为中心，郑重宣示人民对美好生活的向往，就是中国共产党人的奋斗目标，强调要让人民群众有更多获得感。这些论述都深刻揭示了我们党为人民谋幸福的初心。

一部中国共产党的历史为人民谋幸福的奋斗史。在新民主主义革命时期，党团结带领人民群众筚路蓝缕、披荆斩棘、顽强奋斗，取得了新民主主义革命的胜利，建立了人民当家作主的新中国。在社会主义革命和社会主义建设时期，党团结带领人民群众艰苦奋斗、艰辛探索，建立起了社会主义基本制度，建立起了比较独立完整的工业体系和国民经济体系，改变了国家一

---

① 《建党以来重要文献选编（一九二一——一九四九）》第一册，中央文献出版社 2011 年版，第 162 页。

② 《建党以来重要文献选编（一九二一——一九四九）》第二十二册，中央文献出版社 2011 年版，第 535 页。

③ 《毛泽东选集》第三卷，人民出版社 1991 年版，第 1004 页。

④ 《邓小平文选》第一卷，人民出版社 1994 年版，第 257 页。

⑤ 《江泽民文选》第二卷，人民出版社 2006 年版，第 262 页。

⑥ 《胡锦涛文选》第三卷，人民出版社 2016 年版，第 198 页。

穷二白的落后面貌。在改革开放新时期，党团结带领人民群众解放思想、实事求是、与时俱进、求真务实，开创了中国特色社会主义。党的十八大以来，以习近平同志为核心的党中央秉持为中国人民谋幸福、为中华民族谋复兴的初心使命，团结带领人民进行伟大斗争、建设伟大工程、推进伟大事业、实现伟大梦想，推动党和国家事业取得全方位、开创性历史成就，发生深层次、根本性历史变革，向人民交上了一份厚重的历史答卷。

广大共产党员以对人民的无限忠诚和自我牺牲精神，创造了无数可歌可泣的英雄业绩，在各个历史时期都涌现出成千上万为人民利益勇于牺牲奉献的优秀党员，在人们心中树立起一座座全心全意为人民谋利益的丰碑。2020 年初，在新冠疫情肆虐、人民生命安全和身体健康受到严重威胁的关键时刻，党和政府坚持人民至上、生命至上，举全国之力，快速有效调动全国资源和力量，不惜一切代价维护人民生命安全和身体健康。疫情初期，病毒感染者急剧增多，我们把提高治愈率、降低病亡率作为首要任务，快速充实医疗救治力量，把优质资源集中到救治一线。采取积极、科学、灵活的救治策略，慎终如始、全力以赴救治每一位患者，从出生仅 30 个小时的婴儿至 100 多岁的老人，不计代价抢救每一位患者的生命。疫情发生以来，湖北省成功治愈 3000 余位 80 岁以上、7 位百岁以上新冠肺炎患者，多位重症老年患者是从死亡线上抢救回来的。一位 70 岁老人身患新冠肺炎，10 多名医护人员精心救护几十天，终于挽回了老人生命，治疗费用近 150 万元全部由国家承担。在疫情危及人民生命安全的危难关头，共产党员冲在最前面，全国 3900 多万名党员、干部战斗在抗疫一线，1300 多万名党员参加志愿服务，近 400 名党员、干部为保卫人民生命安全献出了宝贵生命。① 这充分彰显了我们党以人民为中心的执政理念和价

① 中华人民共和国国务院新闻办公室：《抗击新冠肺炎疫情的中国行动》，人民出版社 2020 年版。

值追求。

放眼未来，坚定为人民谋幸福的初心，始终是党不懈奋斗的力量源泉，是党的事业发展壮大的动力所在。人民，只有人民，才是创造世界历史的动力。无论过去、现在还是将来，这都是一条颠扑不破的真理。我们党的根基在人民、血脉在人民、力量在人民。党领导的中国特色社会主义事业，是前无古人的创造性事业，是亿万人民创造自己幸福生活的事业，也是异常艰巨和充满挑战的事业，不可能轻轻松松、敲锣打鼓就能实现，必须准备进行许多具有新的历史特点的伟大斗争。只有坚守中国共产党人为人民谋幸福的初心，坚持人民主体地位，坚持一切为了人民、一切依靠人民，着眼于满足人民日益增长的美好生活需要，着力解决发展不平衡不充分的问题，让广大人民群众在一项项具体政策的落实中、在一个个具体困难和问题的解决中，感受到党的初心和价值追求，才能获得取之不尽、用之不竭的力量源泉。

（二）承载为民族谋复兴的使命

习近平总书记在参观《复兴之路》展览时指出，实现中华民族伟大复兴，就是中华民族近代以来最伟大的梦想。中国共产党诞生于中华民族风雨飘摇、四分五裂、被列强欺凌压迫的时代，衔着为民族复兴的使命而来。

为了实现民族复兴，中国人民进行了长期的摸索。封建统治阶级内部的洋务派发起的洋务运动，农民阶级发起的太平天国和义和团运动，资产阶级维新派发起的戊戌变法，都先后失败。革命先驱孙中山发动辛亥革命，推翻清王朝，结束了中国几千年的专制统治，打开了中国进步潮流的闸门，但辛亥革命的果实很快被窃取，中国陷入军阀混战的局面。辛亥革命的失败说明，中国的资产阶级同样也无力领导中国人民实现民族独立和人民解放的任务。领导实现中华民族伟大复兴的重任，历史地落在新生的具有彻底革命性的无产阶级身上。

1921年，无产阶级的先锋队组织中国共产党诞生。党的二大通过的《关于“国际帝国主义与中国和中国共产党”的决议案》提出：“推翻国际帝国主义的压迫，达到中华民族的完全独立。”[①]自从有了中国共产党，中国革命的面貌才焕然一新。中国共产党以马克思列宁主义为指导，第一次弄清了中国革命的性质、对象、任务、动力，提出通过新民主主义革命走向社会主义的战略，为民族复兴指明了根本方向，并开辟出了以农村包围城市、最后夺取全国胜利的革命道路。在中国共产党领导下，中国人民经过28年浴血奋战，历经千辛万苦、付出巨大牺牲，推翻了帝国主义、封建主义、官僚资本主义的统治，夺取了新民主主义革命胜利，实现了几代中国人梦寐以求的民族独立和人民解放。中华人民共和国的成立和社会主义基本制度的确立，使中国人民成为国家、社会和自己命运的主人，实现了中国向人民民主制度的伟大跨越，实现了中国高度统一和各民族空前团结，彻底结束了旧中国半殖民地半封建社会的历史，彻底结束了旧中国一盘散沙的局面，成功实现了中国历史上最深刻最伟大的社会变革，为当代中国一切发展进步、中华民族伟大复兴奠定了根本政治前提和制度基础。

改革开放开启了中国人民由站起来到富起来的伟大征程。经过社会主义建设实践和曲折探索，党的十一届三中全会后，中国共产党领导中国人民实行改革开放，开始了中国特色社会主义的新的伟大革命。改革开放的历程不是一帆风顺的，也经历过曲折，经历了风险和考验。党领导人民既不走封闭僵化的老路，也不走改旗易帜的邪路，坚持马克思主义指导地位和科学社会主义基本原则不动摇，不断推进理论创新、实践创新、制度创新、文化创新以及各方面创新，成功开创了中国特色社会主义道路，中国

① 中共中央党史研究室、中央档案馆：《中国共产党第二次全国代表大会档案文献选编》，中共党史出版社2014年版，第12页。

人民实现了由站起来向富起来的伟大转变。

当今世界正经历百年未有之大变局，我国进入中华民族伟大复兴的关键时期。以习近平同志为核心的党中央擘画实现民族复兴中国梦的宏伟蓝图，采取一系列重大措施，实施坚强有力领导，统揽伟大斗争、伟大工程、伟大事业、伟大梦想，统筹推进“五位一体”总体布局，协调推进“四个全面”战略布局，有力应对各种风险挑战，解决了许多长期想解决而没有解决的难题，办成了许多过去想办而没有办成的大事，推动党和国家事业取得历史性成就、发生历史性变革，推动中国特色社会主义进入新时代。

百年追梦，复兴可期。培植和传承红色基因，就要深刻把握中国共产党为中华民族谋复兴的使命，大力弘扬中国人民在长期奋斗中培育、继承、发展起来的伟大创造精神、伟大奋斗精神、伟大团结精神、伟大梦想精神，不断增强中国人民和中华民族“强起来”的“精气神”，真正凝聚起中华民族的“强国之魂”，团结全国各族人民不断把中华民族伟大复兴推向新的历史阶段。

（三）担当为世界谋大同的责任

为人类作出新的更大的贡献，是百多年来中国共产党人追求的光荣与梦想，也是中国共产党人的崇高价值取向，是中华民族的历史使命和责任担当。

中国先民早就有大同社会的理想追求。《礼记 · 礼运》：大道之行也，天下为公，选贤与能，讲信修睦。故人不独亲其亲，不独子其子，使老有所终，壮有所用，幼有所长，矜、寡、孤、独、废疾者皆有所养，男有分，女有归。货恶其弃于地也，不必藏于己；力恶其不出于身也，不必为己。是故谋闭而不兴，盗窃乱贼而不作，故外户而不闭，是谓大同。描绘了人类理想社会图景。康有为著《大同书》，描述了“大同之世，天下为公，无有阶级，一切平等”①的人类社会远景，并具体指明了“去九界”以达“大同”的实现路径。这样的大同社会，在生产力不够发达、存在剥削制度的社会里是不可能实现的，是古代中国版的“乌托邦”。正如毛泽东指出的：“康有为写了《大同书》，他没有也不可能找到一条到达大同的路”，“唯一的路是经过工人阶级领导的人民共和国”，“到达社会主义和共产主义，到达阶级的消灭和世界的大同”。②

马克思主义政党是用先进理论武装起来的政党，它深刻洞察人类社会发展规律，作出资本主义必然灭亡、共产主义必然实现的科学论断，确立了实现共产主义的伟大奋斗目标。马克思、恩格斯在为世界上第一个无产阶级政党共产主义者同盟起草的盟纲《共产党宣言》中明确提出：“过去的一切运动都是少数人的，或者为少数人谋利益的运动。无产阶级的运动是绝大多数人的，为绝大多数人谋利益的独立的运动。”“共产党人可以把自己的理论概括为一句话：消灭私有制。”“代替那存在着阶级和阶级对立的资产阶级旧社会的，将是这样一个联合体，在那里，每个人的自由发展是一切人的自由发展的条件。”号召“全世界无产者，联合起来!”③共产主义运动本质上就是为世界谋大同的革命运动。共产主义者同盟本身就是一个国际性的无产阶级政党。马克思、恩格斯还领导创建了第一国际。中国共产党成立之初就承认自己是共产国际的一个支部。党的二大通过的《中国共产党加入第三国际决议案》指出：“无产阶级是世界的，无产阶级革命也是世界的”。毛泽东在《新民主主义论》中指出，中国革命的历史进程分两步走，第一步是民主主义的革命，第二步是社会主义的革命，并明确提出：“中国革命是世界革命的一部分。”这里的“世界革命”指的就

① 康有为：《大同书》，华夏出版社 2002 年版，第 3 页。

② 《毛泽东选集》第四卷，人民出版社 1991 年版，第 1471 页。

③ 《马克思恩格斯选集》第 1 卷，人民出版社 2012 年版，第 411、414、422、435 页。

是“无产阶级社会主义世界革命”[①]。新中国成立后，我们党一直把支援世界民族民主革命作为重要政策。党的八大通过的《中国共产党章程》明确：“支持全世界共产主义者、进步分子和劳动人民促进人类进步的奋斗，以‘全世界无产者，联合起来！’的国际主义精神教育自己的党员和人民。”[②]

在党的领导下，我国确定了独立自主的和平外交政策，积极参加双边和多边外交，为维护民族独立和地区和平作出应有贡献。1953 年 12 月，在同印度的谈判中，周恩来代表中国政府首次提出和平共处五项原则，得到印度方面的赞同。他说：“新中国成立后就确立了处理中印两国关系的原则，那就是互相尊重领土主权、互不侵犯、互不干涉内政、平等互惠和和平共处的原则。”[③]1954 年 4 月，这五项原则正式写入双方达成的《关于中国西藏地方和印度之间的通商和交通协定》的序言中。由此，和平共处五项原则成为新中国登上国际舞台，处理国与国之间关系的基本准则。1954 年 6 月，周恩来应邀对印度进行正式访问，在同印度总理尼赫鲁的会谈中明确地说：“中华人民共和国对东南亚的政策是和平共处。我们对印度是如此，对印尼、缅甸，甚至对巴基斯坦和锡兰也是如此。”尼赫鲁回答：“如果把我们最近签订的协议中的五条原则适用于东南亚的国家，那么就会创造一个很大的没有战争恐惧的和平区域。”[④]1955 年 4 月，周恩来率团参加了在印度尼西亚万隆召开的亚非会议。这次亚非会议是第一次完全由亚非国家自己发起举办的国际会议，29 个亚非国家的代表团参加了会议。中国代表团与各国代表团举行广泛的谅解性会晤，推动《亚非会议最后公报》吸收中国代表团的建议，形成了和平共处、友好合作的十项原则，使和平共处五项原则得到体现和引申。经过 60 多年的实践检验，

---

① 《毛泽东选集》第二卷，人民出版社 1991 年版，第 668 页。

② 《中国共产党党章汇编》，人民出版社 1979 年版，第 148 页。

③ 《周恩来选集》下卷，人民出版社 1984 年版，第 118 页。

④ 《周恩来传（1898—1976）》下，中央文献出版社 2008 年版，第 1039 页。

和平共处五项原则不仅成为我国对外政策的基石，也逐渐成为越来越多的国家共同接受的处理国际关系的准则。

2013 年 3 月 19 日，习近平总书记在人民大会堂接受俄罗斯俄通—塔斯社、俄罗斯全国广播电视公司、南非卫星电视五台、印度报业托拉斯、巴西《经济价值报》和中国新华社记者联合采访时，关于中国同世界的关系，习近平总书记强调，中国人是讲爱国主义的，同时我们也是具有国际视野和国际胸怀的。随着国力不断增强，中国将在力所能及的范围内承担更多国际责任和义务，为人类和平与发展的崇高事业作出更大贡献。① 习近平总书记在党的十九大上，再一次向世人庄重宣示："中国共产党是为中国人民谋幸福的政党，也是为人类进步事业而奋斗的政党。中国共产党始终把为人类作出新的更大的贡献作为自己的使命。"②

21 世纪以来，国际政治经济格局加速演变，全球发展深层次矛盾日益突出，国际力量对比日趋均衡，国际秩序和全球治理体系变革更加深入，世界进入大发展大变革大调整的新时期。面对世界百年未有之大变局，面对当前治理难题和发展困境，中国共产党秉持为世界谋大同的价值追求，提出构建人类命运共同体，着眼解决当今世界面临的现实问题、实现人类社会和平永续发展，以天下大同为目标，秉持合作共赢理念，摒弃丛林法则，不搞强权独霸，超越零和博弈，开辟出合作共赢、共建共享的发展新道路，为人类发展提供了新的选择。我们始终把自身发展置于人类发展的坐标系中，始终把自身命运与世界各国人民命运紧密相连，始终把中国人民利益同各国人民共同利益结合起来，以自身发展促进世界和平与发展，坚持合作共赢、共同发展，坚定维护和推动经济全球化，积极发展全球伙伴关系，坚定支持多边主义，维护国际公平正义，积极参与引领全

① 《习近平接受金砖国家媒体联合采访》，《人民日报》2013 年 3 月 20 日。

② 《习近平著作选读》第二卷，人民出版社 2023 年版，第 47 页。

球治理体系改革和建设，始终做世界和平的建设者、全球发展的贡献者、国际秩序的维护者。①

中国共产党为世界谋大同的价值追求，既是担当责任，又饱含对人类发展重大问题的睿智思考和独特创见，充分体现了中国共产党洞察时代风云、把握时代脉搏、引领时代潮流的先进性品格和宽广胸怀，为应对全球共同挑战、共同问题提供了中国智慧和中国方案，为推动构建人类命运共同体、维护人类共同利益和共同价值作出了重要贡献。

二、红色基因的谱系构成

中国共产党人的红色基因是在“三为三谋”价值核心基础上经过长期斗争实践形成的基因谱系，内涵极其丰富。从时间上看，不同历史时期党都培育形成了具有鲜明时代特色的红色基因。如，伟大建党精神、井冈山精神、苏区精神、长征精神、延安精神、西柏坡精神等。从红色基因的人格化看，不同时期涌现出来的无数的英雄模范都是党的红色基因的生动写照，他们是党的红色基因谱系中的重要组成部分。如，张思德、董存瑞、黄继光、雷锋、焦裕禄、孔繁森、杨善洲、张富清等。从行业领域看，各行业领域、各地区单位都产生了各具特色的光荣传统和优良作风，这些都是红色基因的有机组成部分。如，老西藏精神、大庆精神、红旗渠精神、“两弹一星”精神、女排精神等。从党和国家领导人讲话、党中央文件、党的重要会议对红色基因的论述看，在不同历史时期、不同场合下，都对党的红色基因进行过概括。如，毛泽东概括的“三大作风”“三大法宝”“三

① 参见中华人民共和国国务院新闻办公室：《新时代的中国与世界》，人民出版社2019年版。

大原则”，习近平总书记在古田全军政工会上总结的我军政治工作 11 条优良传统、在庆祝建军 90 周年大会上总结的 6 条我军光荣传统和优良作风、在庆祝中国共产党成立 95 周年大会上的讲话就坚持不忘初心、继续前进提出的要求，党的十九届四中全会通过的《中共中央关于坚持和完善中国特色社会主义制度、推进国家治理体系和治理能力现代化若干重大问题的决定》提出的我国国家制度和国家治理体系十三个方面的显著优势，中央军委《传承红色基因实施纲要》明确的六个方面的红色基因等。以上视角都可以对红色基因的谱系进行描述分类。从红色基因内在逻辑看，可从三个大的方面对红色基因谱系进行描述。

（一）政治方面

政党具有鲜明的政治属性，旗帜鲜明讲政治是我们党的根本政治要求。毛泽东讲：“鸡蛋因得适当的温度而变化为鸡子，但温度不能使石头变为鸡子”①。政党的性质宗旨不同，其基因也会截然不同。党的性质宗旨、奋斗目标、路线纲领是党最基本的底色，是保持先进性纯洁性、始终具有强大创造力凝聚力战斗力的最根本的动力源泉。这个维度上的红色基因，彰显党的性质宗旨和政治本色，决定党的政治品格和作风特色，是红色基因中最本源的部分，主要包括对党忠诚、信念坚定、为人民服务等。

一是对党忠诚、维护核心。天下至德，莫大于忠。忠诚是共产党人最核心的政治素质，是对自己的政治身份最深层的阶级归属认可。无产阶级事业是人类社会最伟大的事业，这一伟大事业也注定了它的艰巨性复杂性长期性，注定了它必然面对一切旧势力、反动势力的疯狂反对和打击，需

① 《毛泽东选集》第一卷，人民出版社 1991 年版，第 302 页。

要共产党人付出全部的精力乃至生命来实现党的事业。没有对党绝对的忠诚，是不可能完成党赋予的艰巨任务的，是不可能把一切献给党的。中国共产党从诞生的那一天起，就深刻认识到了自己所从事事业的极端艰巨性复杂性长期性，对党的成员的政治忠诚提出了极其严格的要求。中国共产党入党誓词在历史不同时期有着不同的表述，但“对党忠诚、永不叛党”这一条始终没有改变过。贺龙在大革命时期已经官到国民革命军的军长，但他在长期的军阀混战中深刻体会到了国民党的腐败和反动，认为“只有找到共产党，革命才有办法”，并向党提出了加入党组织的要求。由于当时国共合作的政治需要，贺龙多次提出的入党申请一直没有被通过。大革命失败后，全国一片白色恐怖，甚至不少的共产党员背叛组织，出卖同志。在这样的紧急形势下，贺龙对连以上军官发表讲话，明确“跟着共产党走革命的道路，坚决走到底!”八一南昌起义时，当党的前委书记周恩来决定让他担任起义总指挥时，贺龙毫不犹豫地说“我完全听共产党的话，要我怎样干就怎样干”。疾风知劲草，烈火见真金。面对革命低潮和白色恐怖，理想信念不坚定者纷纷退党脱党、背叛革命，而贺龙却毅然决然地在这样一个时期加入了中国共产党，从此，便把自己的一切献给党和人民军队的事业，忠贞不渝。抗战期间，蒋介石问贺龙：“民国十六年，你为什么好端端的军长不当，去参加共产党的南昌暴动?”贺龙斩钉截铁地回答：“我和委员长的政见不同!”1943年1月7日，时任中共中央秘书长的任弼时在中共中央西北局高级干部会议上专门作了《向贺龙同志学习》的讲话，认为贺龙的伟大之处，不仅在于他是“一个真正身经百战的勇士，有指挥战争和建设军队的丰富经验”，而且在于“他对革命对党的一贯忠诚的态度”。在长期的斗争实践中，正是像贺龙这样一大批忠诚党的事业的信仰追求者，塑造了中国共产党人对党忠诚的灵魂。

对党忠诚是一个很高的要求，必须做到绝对忠诚。习近平总书记强调：“对党绝对忠诚要害在‘绝对’两个字，就是唯一的、彻底的、无条件的、不掺任何杂质的、没有任何水分的忠诚。”①在对党忠诚上有一点儿的杂质，在关键时刻和严峻考验面前就可能产生动摇。有的人感觉自己的党性还是强的，在日常工作中能够坚持原则，但在利益诱惑、生死考验、事业受挫时思想就发生了动摇，说明对党忠诚的基因还没有提纯好。对于无产阶级政党来说，忠诚最根本的要求是坚决维护核心，以形成强大的政治凝聚力战斗力。我们党从 1921 年诞生到 1935 年遵义会议的 14 年，由于没有形成有权威的党的核心，革命事业历经曲折，几近被敌人围剿消灭。遵义会议后，开始形成以毛泽东同志为核心的党的第一代中央领导集体，中国革命开辟了新境界，14 年后的 1949 年终于成立了中华人民共和国。遵义会议前后两个 14 年的鲜明对比，有力地说明形成和维护党的核心对于党的事业的极端重要性。

二是坚定崇高理想信念。毛泽东说：“欲动天下者，当动天下之心。”②马克思主义信仰、共产主义远大理想和中国特色社会主义共同理想，是中国共产党人的精神支柱和政治灵魂，是我们党团结奋斗的思想基础和力量源泉。一部中国近代史，就是中国人民选择主义、追寻信仰的历史。近代以来，面对日益深重的民族危机和人民苦难，无数仁人志士向西方国家苦苦寻找救国救民的真理。历尽种种艰辛，这些努力在实践中却一而再、再而三地碰壁。实际上，在近代以来的中国政治舞台上，历史对各阶级及其政治势力、政治主张、政治道路都给予了表现机会。这些政治势力、政治主张、政治道路也不同程度地在历史舞台上登台亮相，但因阶级和历史的局限，特别是没有把握住历史发展的大势，不能引领民族独立和国家富强的历史方向，最终被历史抛弃。十月革命一声炮响，给我们送来了马克思列宁主义。中国共产党人认识到马克思主义揭示了人类社会发展的规律，

① 《习近平关于严明党的纪律和规矩论述摘编》，中央文献出版社、中国方正出版社 2016 年版，第 24 页。

② 《毛泽东早期文稿》，湖南出版社 1990 年版，第 84 页。

是真理，马克思主义所揭示的共产主义的远大理想一定能够实现，从而坚定地作为自己的旗帜，成为中国共产党人奋斗的不竭动力。百多年来，马克思主义信仰和共产主义远大理想激励了一代又一代共产党人英勇奋斗，成千上万的烈士为了这个理想献出了宝贵生命。中国共产党人之所以有“砍头不要紧，只要主义真”的大义凛然，有“敢教日月换新天”“革命理想高于天”的万丈豪情，有“逢山开路，遇水架桥”的无畏气魄，有“敌人只能砍下我们的头颅，决不能动摇我们的信仰”的坚贞，最根本的就在于有崇高理想信念的感召和激励。中国共产党人始终把马克思主义这一科学理论作为自己的行动指南，并坚持在实践中不断丰富和发展马克思主义，在领导和推动中国革命、建设、改革中，坚持真理、修正错误，推进马克思主义创新发展，形成了中国化的马克思主义，探索了一条适合中国国情的中国革命和建设道路，马克思主义在中国展示出强大生命力，中国特色社会主义在中国取得巨大成功。历史启示我们：马克思主义是科学真理，共产主义是人类社会发展的必然规律，中国特色社会主义是中国人民的伟大事业，是开辟未来的根本保证，是战胜一切艰难险阻和强大敌人的精神力量，必须坚定对马克思主义的信仰、对社会主义和共产主义的信念，坚定对中国特色社会主义的道路自信、理论自信、制度自信、文化自信，解决好世界观、人生观、价值观这个“总开关”问题，不断增强政治定力，自觉成为共产主义远大理想和中国特色社会主义共同理想的坚定信仰者和忠实实践者。

三是全心全意为人民服务。这是我们党的根本宗旨和价值追求。习近平总书记指出：“人民立场是中国共产党的根本政治立场，是马克思主义政党区别于其他政党的显著标志。党与人民风雨同舟、生死与共，始终保持血肉联系，是党战胜一切困难和风险的根本保证，正所谓‘得众则得国，失众则失国’。”① 我们党的初心和使命就是为人民谋幸福、为民族

① 《习近平谈治国理政》第二卷，外文出版社 2017 年版，第 40 页。

谋复兴，把人民对美好生活的向往作为奋斗目标。人民立场是党的根本政治立场，人民群众是党的力量源泉，密切联系群众是党的优良作风，一切为了群众，一切依靠群众，从群众中来，到群众中去，是我们党的群众路线。无论什么时候，保持党同人民群众的血肉联系都是党强大的力量源泉，脱离群众都是最大的危险。中国共产党自成立之日起，就庄严宣告自己站在无产阶级立场上，为劳动阶级和劳苦大众谋利益。党的七大第一次将“为人民服务”写进党章，从而在党的根本大法上确立了这一根本宗旨。我们党的全部历史，就是一部全心全意为人民服务的奋斗史。新民主主义革命时期，中国共产党把实现民族独立、人民解放作为己任，高举反帝、反封建、反官僚资本主义的大旗，团结带领人民群众经过 28 年艰苦卓绝的英勇斗争，推翻了压在中国人民头上的“三座大山”，建立了人民当家作主的新中国，从此中国人民站起来了。新中国成立后，党带领全国人民迅速医治战争创伤，恢复国民经济，发展社会主义经济，进行各项社会改革，创造性地完成了从新民主主义向社会主义的转变，在中国建立起了社会主义基本制度，从此中国“换了人间”，人民成了社会的主人。全面转入大规模的社会主义建设后，党带领全国人民对适合中国国情的社会主义道路进行艰辛探索，建立起了比较独立完整的工业体系和国民经济体系，改变了国家一穷二白的落后面貌。党的十一届三中全会后，党作出把党和国家工作重心转移到经济建设上来、实行改革开放的历史性决策，开创了中国特色社会主义广阔道路，党和国家各项事业取得了举世瞩目的新的伟大成就，中国人民实现了从站起来到富起来、从富起来向强起来的进步。广大共产党员以对人民的无限忠诚和自我牺牲精神，创造了无数可歌可泣的英雄业绩，在各个历史时期都涌现出成千上万为人民利益勇于牺牲奉献的优秀党员，在人们心中树立起一座座全心全意为人民谋利益的丰碑。传承红色基因，必须坚定人民是历史的创造者的唯物史观，坚持全心全意为人民服务的宗旨，抓住保持党同人民群众的血肉联系这个核心问题，坚持人民立场，坚持人民主体地位，坚持党的群众路线，始终把人民放在心中最高位置，坚持人民利益高于一切、重于一切、大于一切，实现好、维护好、发展好最广大人民根本利益，凝聚起强大的党心民心。

（二）精神方面

政党的政治属性必然影响到精神风貌。红色基因中体现党的精神面貌的部分，是党的核心价值融入中国共产党人的感情因素的体现，是党性、人性、血性的有机结合，是红色基因中最丰富精彩、感天动地的成分。主要包括为了保证党的性质宗旨、实现党的奋斗目标而在长期斗争中体现出来的特色基因。

一是永葆艰苦奋斗的政治本色。这是贯穿和体现在革命建设改革全过程、诠释我们党兴旺发达的真谛。我们党是靠艰苦奋斗起家的，也是靠艰苦奋斗发展壮大的。1936 年，美国作家斯诺来到革命圣地延安采访。他发现“毛泽东的生活和红军一般战士没有什么两样。做了十年红军领袖，千百次地没收了地主、官僚和税吏的财产，他所有的财物却依然是一卷铺盖，几件随身衣物——包括两套布制服”①。周恩来的住所“很干净，陈设非常简单。土炕上挂的一顶蚊帐，是唯一可以看到的奢侈品”②。从这些细小的事情上，斯诺发现中国共产党及其领导的人民军队有一种独特的力量，他把这种力量叫作“东方魔力”，并且断言这是古老中国的“兴国之光”。正是共产党人这种艰苦奋斗的精神，使我们党获得了战胜国内外一切强敌和克服艰难险阻的巨大力量。毛泽东有一个很重要的思想，就是要靠艰苦奋斗来防止我们党在和平环境中腐化变质。早在党的七届二中全会

---

① ［美］斯诺：《红星照耀中国》，董乐山译，人民文学出版社 2016 年版，第 73 页。

② ［美］斯诺：《红星照耀中国》，董乐山译，人民文学出版社 2016 年版，第 47 页。

上，毛泽东就向全党发出号召，要求“务必使同志们继续地保持谦虚、谨慎、不骄、不躁的作风，务必使同志们继续地保持艰苦奋斗的作风。我们有批评和自我批评这个马克思列宁主义的武器。我们能够去掉不良作风，保持优良作风”①。无论在艰苦的革命战争年代，还是在生活条件不断变好的现在，艰苦奋斗都是我们的宝贵精神财富。新形势下，习近平总书记反复强调要坚持和发扬艰苦奋斗精神。实践表明，越是国强民富，越要保持艰苦奋斗的作风。中国共产党人必须把艰苦奋斗作为一种政治追求，坚持从我做起，以上率下，用自己的模范行动影响和带出好党风、好民风。

二是执行高度自觉的铁的纪律。纪律严明是全党统一意志、统一行动、步调一致前进的重要保障。我们党的纪律是建立在共同理想信念、高度政治觉悟基础上的铁的纪律，这是我们党具有强大战斗力的重要原因。党的第一个纲领就对党组织和党员提出严格要求，党的第一部章程对党的纪律专列一章，对管党治党作出严格规定。延安时期陕甘宁边区的宪法性文件《陕甘宁边区施政纲领》规定：“共产党员有犯法者从重治罪”。时任抗日军政大学六队队长黄克功，因逼婚不成开枪打死了陕北公学女学员刘茜。案件发生后，黄克功以自己“资格老、功劳大”为由为自己辩护，也有同志认为黄克功从小就参加革命，作战勇敢，战功卓著，应从宽处理。毛泽东了解到有关情况后，亲自写信给时任陕甘宁边区高等法院刑事审判厅审判长雷经天，批准对黄克功处以极刑。毛泽东在信中写道：“正因为黄克功不同于一个普通人，正因为他是一个多年的共产党员，是一个多年的红军，所以不能不这样办。共产党与红军，对于自己的党员与红军成员不能不执行比较一般平民更加严格的纪律……一切共产党员，一切红军指战员，一切革命分子，都要以黄克功为前车之戒。”②党的纪律是多方面

① 《毛泽东选集》第四卷，人民出版社 1991 年版，第 1038—1039 页。

② 《毛泽东文集》第二卷，人民出版社 1993 年版，第 39 页。

的，但政治纪律是最重要、最根本、最关键的纪律，遵守党的政治纪律是遵守党的全部纪律的重要基础。党的五大关于《组织问题议决案》中第一次明确地提出了“政治纪律”这个概念。1927 年 11 月，中共中央临时政治局扩大会议通过的《政治纪律决议案》是党的历史上第一个关于政治纪律的决议案。党的十八大以来，我们党贯彻全面从严治党方针，把严守政治纪律政治规矩放在首位，抓住这个纲，把严肃其他纪律带起来，党的纪律建设得到进一步加强，从严治党得到有效贯彻。

三是伟大斗争精神。社会是在矛盾运动中前进的，有矛盾就会有斗争。我们党是在斗争中发展壮大的，斗争精神是共产党人与生俱来的理论品质和政治品格。党的性质宗旨、奋斗目标、初心使命都决定了党必须不断斗争。人生不息，革命不止，斗争不止。党的一大纲领提出：“采用无产阶级专政，以达到阶级斗争的目的——消灭阶级。”[①]毛泽东把斗争作为分析认识人类社会发展的方法论。他曾经说过，读了《共产党宣言》《阶级斗争》《社会主义史》等三本书后，“才知道人类自有史以来就有阶级斗争，阶级斗争是社会发展的原动力，初步地得到认识问题的方法论。可是这些书上，并没有中国的湖南、湖北，也没有中国的蒋介石和陈独秀。我只取了它四个字：‘阶级斗争’，老老实实地来开始研究实际的阶级斗争”[②]。《毛泽东选集》开篇《中国社会各阶级的分析》的第一句话就是：“谁是我们的敌人？谁是我们的朋友？这个问题是革命的首要问题。”[③]1945 年，毛泽东在《论联合政府》中，把我们党诞生以来经历的北伐战争、土地革命战争、抗日战争称为三次“伟大斗争”。1962 年，毛泽东在扩大的中央工作会议上作出重要判断：“我们必须准备进行同过去时代的斗争形

① 《中国共产党党章汇编》，人民出版社 1979 年版，第 1 页。

② 《毛泽东农村调查文集》，人民出版社 1982 年版，第 21—22 页。

③ 《毛泽东选集》第一卷，人民出版社 1991 年版，第 3 页。

式有着许多不同特点的伟大的斗争。"[①]党的十八大报告指出："发展中国特色社会主义是一项长期的艰巨的历史任务，必须准备进行具有许多新的历史特点的伟大斗争。"这句话正是习近平同志在主持起草十八大报告时主张写进去的，与毛泽东1962年作出的重要判断一脉相承。党的十八大后，习近平总书记多次就"伟大斗争"作出深刻阐述。党的十九大指出，伟大斗争、伟大工程、伟大事业、伟大梦想，紧密联系、相互贯通、相互作用。实现伟大梦想，必须进行伟大斗争。要求全党要充分认识这场伟大斗争的长期性、复杂性、艰巨性，发扬斗争精神，提高斗争本领，不断夺取伟大斗争新胜利。回顾我们党百年历程，从武装斗争、阶级斗争，到经济斗争、文化斗争，乃至社会各个领域的斗争，凡有矛盾存在的地方，我们都坚持进行斗争，并取得了伟大斗争的胜利。今天，在党领导人民创造美好生活和实现中华民族伟大复兴的征程中，面对的困难和敌人更加强大，斗争的艰巨程度世所罕见，必须弘扬伟大斗争精神，敢于斗争、善于斗争、顽强斗争，以"踏平坎坷成大道，斗罢艰险又出发"的顽强意志，应对好每一场重大风险挑战，向着实现中华民族伟大复兴的目标砥砺前行。

（三）理论方面

思想决定行为。我们党的红色基因是马克思主义理论指导实践的结果。理论维度中的红色基因体现党的科学理论和哲学思想，是红色基因中最充满唯物辩证法魅力的部分。主要包括体现党的唯物史观和辩证法的思想方法和工作方法方面的基因。

一是实事求是。党的思想路线是一切从实际出发，理论联系实际，实事求是，在实践中检验真理和发展真理。这是马克思主义活的灵魂，也是

① 《毛泽东文集》第八卷，人民出版社1999年版，第302页。

我们党的优良作风。在1945年党的七大上，毛泽东总结我们党诞生24年来的伟大成就指出，理论和实践相结合的作风，是“中国人民百战百胜的武器”。1978年，邓小平讲到，继承和发扬毛主席为我们培育的优良传统，第一个就是实事求是。马克思主义深刻揭示了关于自然界、人类社会和思维发展的普遍规律，指明了人类社会发展的最终方向，为人们提供了认识和改造世界的世界观和方法论，但马克思主义既非穷尽的真理，也非现成的教条，而是为认识和把握真理提供哲学工具。只有将马克思主义与本国具体实际相结合，理论联系实际，实事求是，才能开辟马克思主义新境界。新民主主义革命时期，教条主义者把马克思、列宁的理论机械地运用于中国革命，使我们党遭受到巨大挫折，差点葬送中国革命事业。以毛泽东同志为主要代表的中国共产党人把马克思列宁主义的基本原理同中国革命的具体实践结合起来，创造性地开辟以农村包围城市、武装夺取政权的土地革命新路，取得了新民主主义革命的胜利，建立了人民民主专政的中华人民共和国。改革开放以来，我们党恢复实事求是的思想路线，坚持实践是检验真理的唯一标准，实现全党工作中心向经济建设的转移，实行改革开放，形成了中国特色社会主义理论，开辟了中国特色社会主义道路，建立了中国特色社会主义制度，发展了中国特色社会主义文化，中国特色社会主义取得巨大成功。这些成就的取得，根本的是坚持了解放思想、实事求是、与时俱进，不断开辟马克思主义中国化的新境界。培植和传承红色基因，就要坚持把马克思主义基本原理与中国具体实际相结合，植根于坚持和发展中国特色社会主义伟大实践，坚持理论指导和实际探索相统一，大胆试验，开拓创新，创造性地开展工作，不断研究新情况，总结新经验，解决新问题，在实践中丰富和发展马克思主义，建设中国风格、中国气派、中国特色的马克思主义理论，指导中国特色社会主义伟大实践。

二是勇于自我革命。勇于自我革命，从严管党治党，是我们党最鲜明的品格。马克思指出，无产阶级革命与其他革命不同之处就在于：它自己批评自己，并靠批评自己壮大起来。我们党要始终成为马克思主义执政党，始终保持先进性纯洁性，必须以自我革命的精神推进党的领导和党的建设，确保自身始终过硬。我们党之所以有自我革命的勇气，是因为我们党除了国家、民族、人民的利益，没有任何自己的特殊利益。因此，我们能够同一切背离党的性质宗旨、奋斗目标和初心使命的问题作斗争，能够自觉地剔除各种弱化党的先进性、损害党的纯洁性的因素，能够胸怀坦荡地检视自己，发现问题，正视问题，坚持真理，修正错误，从而不断祛除身上的灰尘和杂质，加强自身建设，始终立于不败之地。在领导新民主主义革命的过程中，我们党坚持同党内“左”的、右的错误作斗争，同党内各种非无产阶级思想作斗争，同各种不良作风作斗争，同贪污腐化现象作斗争，使党由小变大、由弱变强，成为领导中国人民取得民族独立和人民解放的马克思主义政党。在领导社会主义革命和建设的过程中，我们党针对全国执政地位这一变化，全面加强党的自身建设，开展整党整风运动，反对党内不良作风，开展反腐败斗争，密切党同人民群众的血肉联系，巩固党的团结，保持了先进性和纯洁性。在领导改革开放伟大事业的过程中，我们党针对面临的执政考验、改革开放考验、市场经济考验、外部环境考验，和精神懈怠的危险、能力不足的危险、脱离群众的危险、消极腐败的危险，深入开展教育实践活动，加强党的创新理论武装，加强党风廉政建设和反腐败斗争，使党始终成为中国特色社会主义事业的坚强领导核心。在领导新时代中国特色社会主义伟大事业的过程中，我们党坚持全面从严治党方针，以刀刃向内的勇气，向党内顽瘴痼疾开刀，严肃处理违反党的政治纪律和政治规矩案件，反“四风”改作风，强力开展反腐败斗争，坚决改变管党治党宽松软状况，党内政治生态明显好转，党的领导和党的建设得到加强。百年历程证明，中国共产党之所以能够不断发展壮大，根本原因就在于党保持了自我革命精神，始终坚持加强自身建设，不断革除自身病症，解决自身问题。新时代，中国共产党要担当起实现伟大梦想、进行伟大斗争、建设伟大工程、推进伟大事业的历史使命，必须以自我革命的精神推进新时代党的建设，坚持同一切弱化党的先进性、损害党的纯洁性的问题作斗争，着力解决党自身存在的突出问题，不断增强党自我净化、自我完善、自我革新、自我提高能力，不断提高党的建设质量，把党建设成为始终走在时代前列、人民衷心拥护、勇于自我革命、经得起各种风浪考验、朝气蓬勃的马克思主义执政党。

三是坚持马克思主义思想方法和工作方法。马克思主义思想方法和工作方法是马克思主义哲学世界观和方法论在实践中的具体运用。马克思主义哲学作为科学的世界观和方法论，深刻揭示了客观世界特别是人类社会发展的一般规律，是我们认识世界、改造世界的根本工具，是指导我们共产党人前进的强大思想武器。我们党是用马克思主义武装起来的无产阶级政党，始终强调马克思主义思想方法和工作方法。毛泽东十分注重运用马克思主义思想方法和工作方法认识中国革命规律，探索适合中国实际的革命道路，解决中国革命问题。他指出，我们“不但应当了解马克思、恩格斯、列宁、斯大林他们研究广泛的真实生活和革命经验所得出的关于一般规律的结论，而且应当学习他们观察问题和解决问题的立场和方法”，“学会把马克思列宁主义的理论应用于中国的具体的环境”。①延安时期，毛泽东还倡导成立了新哲学研究会，组织研究、翻译和学习马克思主义哲学。毛泽东一生都非常重视马克思主义思想方法和工作方法的学习运用，亲笔撰写了大量体现马克思主义思想方法和工作方法的经典文章，如《中国社会各阶级的分析》《湖南农民运动调查报告》《关于纠正党内的错误思想》《反对本本主义》《怎样分析农村阶级》《论持久战》《实践论》《矛盾论》《党委会的工作方法》《论十大关系》《关于正确处理人民内部矛盾的问题》等。邓小平强调：“主要的是要用马克思主义的立场、观点、方法来分析

① 《毛泽东选集》第二卷，人民出版社1991年版，第533、534页。

问题，解决问题。马克思主义的活的灵魂，就是具体地分析具体情况。”① 习近平总书记指出：“新形势下，坚持马克思主义，最重要的是坚持马克思主义基本原理和贯穿其中的立场、观点、方法。”② 习近平总书记反复强调，全党要学习和掌握马克思主义哲学，坚持马克思主义思想方法和工作方法，从纷繁复杂的事物表象中把准脉搏、掌握规律，在对历史的深入思考中做好现实工作、更好走向未来，不断开创马克思主义在中国发展的新境界。长期斗争实践中，我们党运用辩证唯物主义和历史唯物主义世界观和方法论指导工作，形成了一系列科学的思想方法和工作方法，成为红色基因库的重要组成部分。如社会基本矛盾分析法，生产力和生产关系、经济基础和上层建筑的观点方法，人民群众是历史创造者的观点方法，坚持战略思维、历史思维、辩证思维、创新思维、底线思维的思维方法，保持战略定力，坚持问题导向，注重调查研究，等等。这些都是中国共产党人红色基因库的重要组成部分。

三、坚守红色基因的价值内核，丰富红色基因谱系

红色基因是光荣传统，是激励我们前进的强大精神动力和政治保证。培植和传承红色基因，需要结合我们正在进行的事业，正确把握继承与创新、坚持与发展的辩证关系，不忘本来、面向未来、吸收外来，坚守红色基因、创新红色基因、丰富红色基因，让党的红色基因始终充满吸引力、富于生命力、彰显独特魅力。

---

① 《邓小平文选》第二卷，人民出版社 1994 年版，第 118 页。

② 习近平：《在哲学社会科学工作座谈会上的讲话》，人民出版社 2016 年版，第 13 页。

（一）在多元的社会中坚守红色基因

党的红色基因很大一部分是在新民主主义革命、社会主义革命和建设时期形成的。这期间，我们党和党所领导的人民长期处于国内外敌人的封锁、对抗之下，甚至是激烈的军事对抗，生存、生活环境极其恶劣、严峻，相对封闭，“不是鱼死，就是网破”，“不是西风压倒东风，就是东风压倒西风”。生与死、苦与乐、胜与败、斗争与投降、升官发财与革命斗争，每天都现实地考验着每一名共产党员，大浪淘沙之下，意志不坚定者、价值观不端正者纷纷被“洗刷出局”，留在革命队伍里的，是一群志同道合的革命同志。正如《抗日军政大学校歌》所描述的：“黄河之滨，集合着一群中华民族优秀的子孙。人类解放，救国的责任，全靠我们自己来担承。同学们，努力学习，团结紧张、严肃活泼，我们的作风。同学们，积极工作，艰苦奋斗，英勇牺牲，我们的传统。”大家的价值一元，对党的性质宗旨本色高度认同。这样的环境下铸就了我们党的红色基因，也容易传承党的红色基因。

今天，我们党所处的环境和条件与革命战争年代、社会主义革命和建设时期，甚至与改革开放开始的一段时期相比，都发生了很大的变化，最主要的变化就是我们党面临的长期执政考验、改革开放考验、市场经济考验和外部环境考验是长期的、复杂的、严峻的，这些考验对人们思想行为的影响是深刻的，从价值观的角度看，最大的变化就是社会越来越多元化，人们的文化价值追求也越来越多元化，这对保持党的一元化指导、坚守党的红色基因带来现实的考验。比如，长期执政对我们为人民谋利益创造了更好的条件，锻炼了党员干部的执政能力，为人民群众提供了安定繁荣的政治局面，这是我们党和人民追求的目标。但在长期执政条件下，个别党员干部不能正确认识和使用手中的权力，容易忘记手中的权力是谁给的、执政的目的是什么，把它看成是名利地位的象征，看成是高人一等的资格、牟取不法利益的工具，把全心全意为人民服务的誓言忘得一干二净，有的最终滑向贪污腐败的深渊。改革开放和发展社会主义市场经济，使我国社会焕发出蓬勃生机和活力，人们的思想观念、价值追求和精神文化生活日益丰富多样，推动了社会的发展进步。同时，也不可避免地带来拜金主义、享乐主义、极端个人主义和封建迷信思想等消极负面的东西，败坏社会风气，污染人们的心灵，对一些党员群众的思想和行为产生不良影响，对传承红色基因、保持本色作风带来严峻挑战。有的理想信念动摇、淡化、变异，嘴上信东方、心里信西方，上班看马列、回家拜佛祖，台上讲真理、背后搞迷信。有的牺牲奉献精神淡化，艰苦奋斗本色退色，片面追求物质利益，强调等价交换，拜金主义、享乐主义、个人主义抬头，信仰危机、道德滑坡、醉享太平现象弥漫；外部环境日趋复杂，西方强国不愿意看到社会主义的中国强大起来，随着中华民族伟大复兴脚步的加快，必然从各个方面不择手段地加紧对我进行遏制、打压，“颜色革命”现实存在，传承红色基因面临挑战。

这就要求我们强化阵地意识，做守卫红色基因的革命战士，在多元的社会中坚守红色基因的“上甘岭”，在多元的价值追求中保持党的一元化指导。马克思列宁主义、毛泽东思想、邓小平理论、“三个代表”重要思想、科学发展观、习近平新时代中国特色社会主义思想，作为党的指导思想，是党的红色基因的理论源泉。坚守红色基因，首先就要用党的理论武装头脑，深扎传承红色基因的思想根子。“理愈明，信愈真，感愈切，革命的精神遂能愈久而愈坚。”[①] 当前，特别是认真学习习近平新时代中国特色社会主义思想，着眼学懂弄通做实，认认真真地读原著、学

① 《建党以来重要文献选编（一九二一——一九四九）》第一册，中央文献出版社2011年版，第171页。

原文、悟原理，深刻体悟这一思想彰显和贯穿的坚定理想信念、真挚人民情怀、高度自觉自信、无畏担当精神、科学思想方法。同时，把学习领会习近平新时代中国特色社会主义思想与研读马克思主义经典作家的著作贯通起来，与学习马克思主义哲学贯通起来，在科学理论中吸取红色基因的丰富营养，在增进政治认同、思想认同、情感认同中增强坚守红色基因的定力和底力。历史是最好的教科书，是我们把握规律、激活红色基因的最佳途径。生动的历史最容易让人在内心激发红色认同、产生情感共鸣，在“通情”中“达理”。开展党史、新中国史、改革开放史、社会主义发展史学习教育，把握历史规律，领悟其中包蕴的共产党执政规律、社会主义建设规律、人类社会发展规律，在学史中溯源悟道，自觉贯通红色基因的血脉。不懂历史的民族没有根，淡忘英雄的民族没有魂。注重充分运用好身边的红色资源，通过学习英模人物、缅怀革命先烈，使思想受洗礼、心灵受触动、境界得提升，不断汲取前进的力量。以实际行动践行红色基因是对红色基因最好的坚守。中国共产党的红色基因之所以充满生命力，生生不息，代代相传，关键就在于一辈辈的中国共产党人自觉地传承红色基因。正如习近平总书记所说：“红色基因就是要传承。”① 革命战争年代，许多党员干部并没有深厚的理论功底，也讲不出多少高深的道理，却能一呼百应、从者如云，靠的是言行一致、以身作则，同甘共苦、同生共死。对于每一名共产党员来说，坚定红色基因，就要坚持知行统一，注重点滴养成，立足本职岗位和自身实际，把红色基因体现到实际行动中，把党的初心使命的接力棒传递好，让红色基因永不变色，代代相传。

① 《习近平李克强王沪宁赵乐际韩正分别参加全国人大会议一些代表团审议》，《人民日报》2018 年 3 月 9 日。

（二）在发展的时代中创新红色基因

创新是红色基因富有生命力的动因。习近平总书记在党的十九大报告中指出："世界每时每刻都在发生变化，中国也每时每刻都在发生变化，我们必须在理论上跟上时代，不断认识规律，不断推进理论创新、实践创新、制度创新、文化创新以及其他各方面创新。"①2019 年 3 月，在学校思想政治理论课教师座谈会上，习近平总书记进一步指出："我们通过守正创新形成了中国特色社会主义理论体系，守正就不能偏离马克思主义、社会主义，但不是刻舟求剑，还要往前发展、与时俱进，否则就是僵化的、陈旧的、过时的。"② 习近平总书记的重要论述，为发展创新红色基因指明了方向。

"传统不是守住炉灰，而是热情火焰的传递。"红色基因不是我们摆着欣赏的古董，而是流动的历史，是生命的火焰，她的生命力在于实践基础上的不断创新，从而赋予红色基因新的时代内涵，呈现新的时代表达，彰显新的时代价值。比如，全心全意为人民服务的宗旨，从革命战争年代我们党提出"全心全意为人民服务"的宗旨，到"代表中国最广大人民的根本利益"，到"以人为本"，再到"以人民为中心"，党的红色基因一脉相承。党的光荣传统和优良作风之所以代代传承，红色基因之所以生生不息，一个重要原因就是与时代同步。自我革命、不断创新，这本身也是党的红色基因的重要内容。

实际工作中，在有的地方有些单位确实遇到了红色基因如何创新的困惑。比如，如何做到对党忠诚的问题。实现改革开放政策前，党员生活工作在一个固定的单位里，对党组织的依赖度非常高，生活工作中遇到问题

---

① 《中国共产党第十九次全国代表大会文件汇编》，人民出版社 2017 年版，第 21 页。

② 习近平：《论党的宣传思想工作》，中央文献出版社 2020 年版，第 377 页。

首先想到的就是向组织汇报，请组织决定，无话不对组织讲。现在，党的执政环境和条件与过去相比发生了很大变化，社会经济成分、组织形式、就业方式、利益关系和分配方式日益多样化，经济组织、社会组织多种多样，人们的就业方式、分配方式选择性更灵活，社会利益关系不再像过去那样清晰简单。在这种情况下，群众的自主性增强，社会关系作用增大，相应地对党组织的依赖感减弱。在这种环境条件下，党员群众在生活工作中遇到问题，就不一定首先向党组织汇报，而是找朋友找社会组织，有的甚至对党组织反而有所保留了。那么，在今天的形势下，如何做到对党忠诚呢？不仅年轻党员有这样的困惑，即使有的“老革命”也在这些新情况新问题面前感觉到束手无策。这种长期的思想困惑和工作困惑如果不能得到有效解决，必然会影响到红色基因的传承。如，有的认为红色基因是革命战争年代和计划经济时代的产物，已经过时了；有的认为现在强调传承红色基因，机械地照抄照搬过去的做法，就是走老路；有的也承认红色基因是好东西，但现在经济发展了，生活条件好了，人们的文化价值取向多元了，可以适当地放松一些要求；有的认为党员也是群众中的一员，讲党性首先要讲人性，把自己等同于一般的群众，对红色基因存在抵触心理；等等。这些错误思想认识一定程度上影响到红色基因的传承。这就要求与时俱进创新红色基因的内涵、形式，赋予红色基因时代价值。

创新红色基因时代内涵。党的红色基因是基于马克思主义理论而产生的。但马克思主义理论不是机械的教条，而是行动的指南。它要求人们根据它的基本原则和基本方法，不断结合变化着的实际，探索解决新问题的答案，从而也发展马克思主义理论本身。一部马克思主义发展史就是马克思、恩格斯以及他们的继承者们不断根据时代、实践、认识发展而发展的历史。马克思主义在我国之所以具有生命力，就在于我们党坚持从本质和精髓上把握马克思主义，进而开辟马克思主义中国化的新境界。邓小平指出：“绝不能要求马克思为解决他去世之后上百年、几百年所产生的问题提供现成答案。列宁同样也不能承担为他去世以后五十年、一百年所产生的问题提供现成答案的任务。真正的马克思列宁主义者必须根据现在的情况，认识、继承和发展马克思列宁主义。”①他还强调：“世界形势日新月异，特别是现代科学技术发展很快。现在的一年抵得上过去古老社会几十年、上百年甚至更长的时间。不以新的思想、观点去继承发展马克思主义，不是真正的马克思主义者。”②在红色基因传承上，我们应秉承马克思主义的观点，随着时代的发展，不断赋予红色基因新的内涵，永葆红色基因的生机活力。比如，在坚持和发展马克思主义上，就不能死守着马克思、恩格斯生前在他们那个时代基础上对于如何共产主义的某些具体论述。马克思、恩格斯认为，资本主义必然灭亡，共产主义必然胜利。列宁指出，帝国主义是腐朽的、垂死的资本主义。但 200 年过去了，共产主义还没有在世界上任何一个国家实现，现实中资本主义“腐而不朽，垂而不死”，是不是就说明马克思主义理论错了呢，我们是不是需要改变我们的道路呢？这需要我们共产党人以马克思主义的理论和勇气，结合当今时代，发展马克思主义，对今天的世界作出合理的解释，赋予马克思主义新的时代内涵，而不是抛弃马克思主义。正如习近平总书记在庆祝中国共产党成立 95 周年大会上的讲话中指出：“改革必须坚持正确方向，既不走封闭僵化的老路、也不走改旗易帜的邪路。”③毛泽东思想、邓小平理论、“三个代表”重要思想、科学发展观、习近平新时代中国特色社会主义思想就是对马克思主义与时俱进的发展，是中国的马克思主义。再比如对斗争精神的理解。新民主主义革命时期、社会主义革命和建设时期，我们强调军事斗争、阶级斗争，那么今天，我们集中精力建设中国特色社会主义，是不是就不要斗争了呢？不是的，中国共产党是一个革命的政党，必须永远

① 《邓小平文选》第三卷，人民出版社 1993 年版，第 291 页。

② 《邓小平文选》第三卷，人民出版社 1993 年版，第 291—292 页。

③ 习近平：《论中国共产党历史》，中央文献出版社 2021 年版，第 128 页。

保持斗争精神，只是斗争精神的内涵有了更丰富的内容，外延更加拓宽。领导干部不论在哪个岗位、担任什么职务，都要勇于担当、攻坚克难，既当指挥员又当战斗员，培养和保持顽强的斗争精神、坚韧的斗争意志、高超的斗争本领。我们在工作中遇到的斗争是多方面的，改革发展稳定、内政外交国防、治党治国治军都需要发扬斗争精神、提高斗争本领。全面从严治党、坚持马克思主义在意识形态领域的指导地位、全面深化改革、推进供给侧结构性改革、推动高质量发展、消除金融领域隐患、保障和改善民生、打赢脱贫攻坚战、治理生态环境、应对重大自然灾害、全面依法治国、处理群体性事件、打击黑恶势力、维护国家安全等等，都要敢于斗争、善于斗争。这就赋予了斗争精神新的时代内涵，为指导我们进行具有许多新的历史特点的伟大斗争提供了根本遵循。

呈现红色基因时代表达。伟大的理论和伟大的人物都是属于时代的。中国共产党人百年来受到人民群众的拥护，团结带领人民群众不断开展马克思主义新境界、创造中国人民和中华民族新辉煌，一个重要原因就是我们总是能够踏着时代的节拍，解决时代问题，回应人民群众关切，奏出时代最强音。“三为三谋”是中国共产党人红色基因的价值核心，实现共产主义、解放全人类、消灭剥削和压迫、建立自由人的联合体，是马克思主义者的终极奋斗目标，但这样的目标只能作为最高纲领，而不能脱离实际作为每一个历史阶段的斗争指南。中国共产党在二大时就区分了党的最高纲领和最低纲领，明确提出党的最高纲领是，组织无产阶级，用阶级斗争的手段，建立劳农专政的政治，铲除私有财产制度，渐次达到一个共产主义社会；党的最低纲领，即党在民主革命阶段的主要纲领是：消除内乱，打倒军阀，建设国内和平；推翻国际帝国主义的压迫，达到中华民族完全独立；统一中国为真正的民主共和国。在科学的政治纲领指导下，我们党经过 28 年艰苦卓绝的革命斗争成立了中华人民共和国，实现了民族独立和人民解放，这是为人民谋幸福、为民族谋复兴、为世界谋大同的最大的贡献，是党的红色基因在革命战争年代的时代表达。那个时代还不具备让人民过上更加幸福美好生活的条件。即使今天，我们也还处在社会主义初级阶段。党的十九大作出中国特色社会主义进入新时代的重大判断，这个新时代是决胜全面建成小康社会、进而全面建设社会主义现代化强国的时代，我们仍处于并将长期处于社会主义初级阶段的国情没有变，我国是世界最大发展中国家的国际地位没有变，我们的基本路线是，领导和团结全国各族人民，以经济建设为中心，坚持四项基本原则，坚持改革开放，自力更生，艰苦创业，为把我国建设成为富强民主文明和谐美丽的社会主义现代化强国而奋斗。现阶段我国社会的主要矛盾是人民日益增长的美好生活需要和不平衡不充分的发展之间的矛盾。我们坚持和完善公有制为主体、多种所有制经济共同发展的基本经济制度，坚持和完善按劳分配为主体、多种分配方式并存的分配制度。我们提出要构建人类命运共同体，主张和而不同、兼收并蓄。在这些时代条件下，我们对于党的性质宗旨、奋斗目标、治国理政的理念、政策的理解，对于全心全意为人民服务、理论联系实际、为世界谋大同等红色基因的理解，都赋予了鲜明的时代特色，都呈现出鲜明的时代表达，从而使红色基因打上了深刻的时代烙印。

弘扬红色基因时代价值。党的红色基因集中体现党的性质宗旨、初心使命、奋斗目标、思想理论，是马克思主义真理观和价值观、世界观和方法论的统一，只会随着时代的发展彰显穿透历史的智慧魅力，而不会成为“过时的标语”“过气的口号”。比如，在革命战争时期，我们党凭着“革命理想高于天”的革命热情和拼命精神，战胜了难以想象的困难环境和国内外强大敌人，取得了伟大的胜利。这种红色基因深深融入中国共产党人的血液，成为我们进行伟大斗争、建设伟大工程、推进伟大事业、实现伟大梦想的精神动力。1957 年，毛泽东视察天津、济南、南京、上海、杭州等地，针对全党工作重心转移，指出现在是由革命到建设的转变时期，今后的中心任务是搞建设，从现在到 21 世纪中叶，用 100 年的时间把中国建设好。

他满怀激情地说："我们要保持过去革命战争时期的那么一股劲，那么一股革命热情，那么一种拼命精神，把革命工作做到底。"[①]今天，党和国家面临的形势发生深刻复杂变化，面对意识形态领域尖锐复杂的斗争特别是"颜色革命"的现实危险，面对艰巨繁重的建设和改革任务，实现"两个一百年"奋斗目标、实现中华民族伟大复兴中国梦，唯有保持革命战争年代那么一股劲，那么一种革命热情，那么一种拼命精神，充分张扬红色基因的时代价值，才能为党和国家的事业注入强大精神力量，使我们的事业胜利前进。又如，艰苦奋斗是我们党的政治本色和起家法宝。新中国成立后特别是改革开放以来，国家经济实力增强，人民群众的物质文化生活水平不断提高，在这种情况下，尽管我们不再需要像过去那样吃糠咽菜、穿打补丁的衣服，尽管我们有条件追求更加幸福美好的生活，但艰苦奋斗的精神不能丢，勤俭节约的精神不能丢，仍然需要保持艰苦奋斗的政治本色，坚决反对和克服享乐主义、奢靡之风，在中国特色社会主义建设各项工作中艰苦创业，靠发扬艰苦奋斗的作风来防止在和平环境中腐化变质。再如，过去我们倡导的牺牲奉献，在和平建设时期和社会主义市场经济条件下仍然没有过时，当人民群众生命安全、国家利益受到损害时，仍然需要我们逆行而上，以自己的鲜血和生命保卫人民群众利益和国家安全，仍然需要倡导无私奉献的精神。这就启示我们，在发展的时代中创新红色基因，深刻挖掘红色基因的历史启示和时代价值，从红色基因中汲取经验、智慧、力量。

（三）在伟大的斗争中丰富红色基因

红色基因具有鲜明的实践品质，来源于和升华于党领导人民进行的伟

① 《毛泽东年谱（一九四九——一九七六）》第三卷，中央文献出版社 2013 年版，第 121 页。

大实践，也必然在伟大实践中丰富发展。马克思说："全部社会生活在本质上是实践的。"①实践的观点、生活的观点是马克思主义认识论的基本观点，实践性是马克思主义理论区别于其他理论的显著特征。红色基因不会自然而然地长成参天大树，需要不断地呵护、激活，培育、浇灌，使其汲取养料茁壮成长，永葆生机与活力。这就需要在斗争实践中创新创造，为红色基因库不断注入新成果、新内容。

中国共产党人的红色基因都是在伟大斗争实践中形成的。中国共产党成立的时候，党对于马克思主义理论和中国革命特点的认识都还不够深刻。党的创建者们尽管认为马克思列宁主义揭示了人类社会历史发展的规律，具有强大的生命力，但对于在中国革命中怎么用马克思主义，还需要实际的长期的探索，还没有认识到中国共产党人追求的共产主义最高理想只有在社会主义社会充分发展和高度发达的基础上才能实现，社会主义制度的发展和完善是一个长期的历史过程。中国革命走了不少弯路，受到了不少挫折，也收获了不少的经验教训。以毛泽东同志为主要代表的中国共产党人，把马克思列宁主义的基本原理同中国革命的具体实践结合起来，创建了中国第一个农村革命根据地，开辟了农村包围城市、武装夺取政权的正确道路，创立了毛泽东思想，培育和形成了理论联系实际、密切联系群众、批评和自我批评、艰苦奋斗、求真务实、严明纪律等红色基因。新中国成立后，经过三大改造，中国开始了社会主义建设事业。人民群众当家作主，扬眉吐气，豪情万丈，由衷地拥护党拥护社会主义，以满腔的热情夜以继日地建设社会主义新家园，形成了"宁可少活二十年，拼命也要拿下大油田"的铁人精神、"热爱祖国、无私奉献，自力更生、艰苦奋斗，大力协同、勇于攀登"的"两弹一星"精神，以及抗美援朝精神、红旗渠精神、雷锋精神、焦裕禄精神等红色基因。进入改革开放和社会主义

① 《马克思恩格斯文集》第1卷，人民出版社2009年版，第501页。

现代化建设新时期，人民群众的思想观念发生了巨大变化，改革开放的政策大大地解放了社会生产力，调动了人民群众进行社会主义现代化建设的热情，全党全国在社会主义现代化建设中呈现出热火朝天的局面，创造着一个个经济社会发展的奇迹，克服了一个个过去从来没有遇到过的困难，战胜了一个个来自各方面的严峻挑战和考验，谱写了一曲曲精神赞歌。敢为人先、突破创新，解放思想、实事求是，不怕风险、敢闯敢干，相信群众、依靠群众的小岗精神；团结协作、开拓进取、追求高效、灵活应变的浦东精神；团结拼搏、负重前进、自加压力、敢于争先的张家港精神；顾全大局、无私奉献，热爱人民、服务人民，艰苦奋斗、廉洁奉公的孔繁森精神；祖国至上，团结协作、顽强拼搏、永不言败的女排精神；万众一心、众志成城，不怕困难、顽强拼搏，坚韧不拔、敢于胜利的抗洪精神；特别能吃苦、特别能战斗、特别能攻关、特别能奉献的载人航天精神；万众一心、众志成城，不畏艰险、百折不挠，以人为本、尊重科学的伟大抗震救灾精神；等等，为党的红色基因库增添了新的成分。

善于在伟大斗争中总结新的红色基因。当今世界正在经历百年未有之大变局，全球治理体系和国际秩序变革加速推进，世界面临的不稳定性不确定性突出，非传统安全威胁持续蔓延，我国发展的内外部环境发生了很大变化；随着中国发展壮大，日益走近世界舞台中央，党和国家面临的风险挑战考验都在前所未有地增加。以习近平同志为核心的党中央，以巨大的政治勇气和强烈的责任担当，提出一系列新理念新思想新战略，出台一系列重大方针政策，推出一系列重大举措，推进一系列重大工作，解决了许多长期想解决而没有解决的难题，办成了许多过去想办而没有办成的大事，推动党和国家事业取得历史性成就、发生历史性变革。在伟大斗争中，我们党形成了许多体现时代特点的作风、精神，如坚持党对一切工作的领导、做到“两个维护”，全面从严治党、不忘初心牢记使命、坚持以人民为中心的理念、法治思维和法治方式、构建人类命运共同体等，极大地丰富了红色基因的谱系。2020年一场突如其来的新冠疫情在全世界肆虐。我国人民在党的坚强领导下，依靠中国共产党领导和我国社会主义制度的政治优势，取得抗击新冠疫情斗争的重大战略成果，创造了人类同疾病斗争史上又一个英勇壮举，在同严重疫情的殊死较量中，以敢于斗争、敢于胜利的大无畏气概，铸就了生命至上、举国同心、舍生忘死、尊重科学、命运与共的伟大抗疫精神，展现了中国精神、中国力量、中国担当，为党的红色基因增添了新的血液。习近平总书记在全国抗击新冠肺炎疫情表彰大会上的讲话中指出："伟大抗疫精神，同中华民族长期形成的特质禀赋和文化基因一脉相承，是爱国主义、集体主义、社会主义精神的传承和发展，是中国精神的生动诠释，丰富了民族精神和时代精神的内涵。我们要在全社会大力弘扬伟大抗疫精神，使之转化为全面建设社会主义现代化国家、实现中华民族伟大复兴的强大力量。"①"天行健，君子以自强不息。"在实现"两个一百年"奋斗目标、实现中华民族伟大复兴的征程中，必然还会遇到各种想得到和想不到的困难挑战，我们党一定能够团结带领全党全国各族人民取得伟大斗争的胜利，也一定会不断地在实践中形成新的精神，不断丰富党的红色基因库。

敢于斗争、善于斗争、顽强斗争，在平凡岗位上萃取红色基因。每个人的实践活动都是党的红色基因的载体，党的红色基因的培植和传承离不开全体共产党员的共同努力。张思德、董存瑞、黄继光、雷锋、焦裕禄、孔繁森、杨善洲、张富清，他们都是红色基因的模范培育者、践行者、传承者，同时他们本身也是党的红色基因在某些方面的化身。党的红色基因就是从以这些英雄模范为代表的全体共产党人的奋斗中萃取提炼出来的。航空工业英模、歼-15研制现场行政总指挥罗阳，从一名普通技术员到多

① 习近平：《在全国抗击新冠肺炎疫情表彰大会上的讲话》，人民出版社2020年版，第16页。

种型号战机研制的总指挥，30年如一日，胸怀航空报国理想，高标准地干好每一项工作，直至生命的最后一刻。在他生命的最后7天里，他在辽宁舰上找相关人员了解飞机的状况、对航母上各个位置海试点的检测结果进行全面了解、协调舰载机和航母的配合问题，并先后5次来到舰载机的机舱中，详细研究今后真正的歼-15舰载机到航母上之后，维修、拖动等各方面的实际问题。当舰载机起降试验成功时，他却突发急性心肌梗死，以身殉职。罗阳走了，给同志们留下了这样的话："我们是做事的，不是作秀的，我们要对国家负责。""我们一手托着国家财产，一手托着战友生命，我们为什么不能做得更好些呢？"习近平总书记指出："雷锋、郭明义、罗阳身上所具有的信念的能量、大爱的胸怀、忘我的精神、进取的锐气，正是我们民族精神的最好写照，他们都是我们'民族的脊梁'。要充分发挥各方面英模人物的榜样作用，大力激发社会正能量，为实现'中国梦'提供强大精神动力。"①伟大的时代是需要也是产生红色基因的时代。新时代伟大斗争是党领导人民为创造美好生活而战胜各种艰难险阻的历史进军，斗争的艰巨程度世所罕见，越是挑战严峻、困难风险大，我们越要强调发挥斗争精神，敢于斗争、善于斗争、顽强斗争，在大是大非面前敢于亮剑，在矛盾困难面前敢于迎难而上，在危机危险面前敢于挺身而出，在强大敌人面前敢于冲锋在前，以过硬的政治定力、斗争本领、优良作风，不断夺取伟大斗争新胜利，不断为党的红色基因宝库增添新的内容。

---

① 《习近平李克强俞正声分别参加全国两会一些团组审议讨论》，《人民日报》2013年3月7日。

第三章　红色基因的精神表征与实践意义

中国共产党的红色基因具有多种载体和表现形式，革命精神是最鲜明、最生动的体现。2021 年 2 月 20 日，习近平总书记在党史学习教育动员大会上的讲话中深刻指出："我们党之所以历经百年而风华正茂、饱经磨难而生生不息，就是凭着那么一股革命加拼命的强大精神。"① 革命精神诞生于无产阶级革命实践之中，是中国共产党红色基因的具体展现。它作为一种典型的红色文化资源，经过时代的提炼所保留下来的共性的、居于核心价值观地位的因素就是中国共产党人的红色基因。中国共产党人的红色基因经历了革命、建设和改革长期实践的淬火最终成型，表现出令世人惊叹的优秀品质，形成了坚定不移的理想信念、艰苦奋斗的优良传统、实事求是的务实作风以及全心全意为人民服务等革命精神，这些精神品质已经深入中国共产党人的骨髓和血脉之中，代代相传，成为中国共产党人的巨大政治优势，在革命、建设和改革中发挥了巨大作用。

---

① 习近平：《在党史学习教育动员大会上的讲话》，《求是》2021 年第 7 期。

一、红色基因在革命精神层面的历史发展和生动体现

将红色基因与革命精神相对比，我们不难发现，二者的共同点都属于“红色文化”，也就是在无产阶级的革命实践的过程中所形成的意志品质与价值观念。二者的不同点在于，革命精神既有特定时代背景的影响，有一定的针对性，同时又存在着产生长期影响的因素，具有延续性。红色基因则更多地强调长期的、持续的影响，重点强调共性。从这个角度来看，红色基因就是蕴含在革命精神之中的共性因素，是革命精神中能够长期产生影响并具有延续性的部分。众多革命精神的核心品质中重合的部分就是中国共产党革命精神的共性因素，也就是经过时代的更替所筛选出中国共产党人代代相传的红色基因。

革命精神是在长期的革命实践中形成的精神遗产，大多形成于特定的历史时期。共产党人在不同的革命实践中表现出了不同的意志品质，因此，每一种革命精神都具有一定的时代特征与独特性，梳理重温这些精神，对于每一个中国共产党人来说就是一场精神的再洗礼、红色文化的再熏陶、革命信仰的再坚定。知所从来，思所将往，纵观中国无产阶级革命精神的发展过程，历经革命、建设和改革开放各个时期，每个阶段都培育形成了独特的精神传统。中国共产党的伟大精神是党的宝贵精神财富和巨大政治优势，是我们进一步迈向社会主义现代化强国、进而实现中华民族伟大复兴的精神支柱。

（一）革命战争年代

在战火纷飞的革命战争年代，中国共产党团结带领全国各族人民前赴后继、英勇斗争，用生命和鲜血铸就了伟大建党精神、井冈山精神、长征

精神、延安精神、红岩精神、西柏坡精神等在内的革命精神。

伟大建党精神。1921 年，中共一大的胜利召开，标志着中国共产党的正式成立。这是开天辟地的大事变，体现出被誉为革命精神之源的伟大建党精神。2021 年 7 月 1 日，习近平总书记在庆祝中国共产党成立 100 周年大会上的讲话中，首次提出和概括了伟大建党精神，指出："一百年前，中国共产党的先驱们创建了中国共产党，形成了坚持真理、坚守理想，践行初心、担当使命，不怕牺牲、英勇斗争，对党忠诚、不负人民的伟大建党精神，这是中国共产党的精神之源。"① 在学习贯彻党的十九大精神研讨班上，习近平总书记指出："时代是出卷人，我们是答卷人，人民是阅卷人。"打铁还需自身硬，作为新时代赶考路上的答卷人，中国共产党要始终沿着坚持和发展中国特色社会主义这条路走下去，继续大力弘扬以伟大建党精神为源头的革命精神，给历史和人民交上一份满意的答卷。

井冈山精神。井冈山是中国革命的摇篮。在 70 多年前，中国共产党人在井冈山创建革命根据地进行艰苦卓绝的革命斗争中培育和形成了"坚定信念、艰苦奋斗，实事求是、敢闯新路，依靠群众、勇于胜利"的井冈山精神。其中，坚定信念、艰苦奋斗，是井冈山精神的灵魂；实事求是、敢闯新路，是井冈山精神的核心；依靠群众、勇于胜利，是井冈山精神的基石。它既是对饱含初心使命的建党精神的自觉传承，也是其丰富内涵和鲜明特质的必然展现。2016 年 2 月 1 日至 3 日，习近平总书记来到江西，看望慰问广大干部群众和驻赣部队。习近平总书记指出，井冈山是中国革命的摇篮。井冈山时期留给我们最为宝贵的财富，就是跨越时空的井冈山精神。

长征精神。长征精神是中国共产党领导下的中国工农红军，历经千辛

① 习近平：《在庆祝中国共产党成立 100 周年大会上的讲话》，《人民日报》2021 年 7 月 2 日。

万苦，在二万五千里长征中用鲜血和生命凝聚的革命精神。它是中华民族历史上又一伟大壮举，是中华民族自强不息的民族品格的集中展示，是以爱国主义为核心的民族精神的最高体现。2006 年 10 月 22 日，在纪念红军长征胜利 70 周年大会上，胡锦涛对长征精神作了系统概括，指出：长征精神“就是把全国人民和中华民族的根本利益看得高于一切，坚定革命的理想和信念，坚信正义事业必然胜利的精神；就是为了救国救民，不怕任何艰难险阻，不惜付出一切牺牲的精神；就是坚持独立自主、实事求是，一切从实际出发的精神；就是顾全大局、严守纪律、紧密团结的精神；就是紧紧依靠人民群众，同人民群众生死相依、患难与共、艰苦奋斗的精神”①。长征是人类战争史上的奇迹，是人类战争史上的奇迹，特有的魅力使它就像一部最完美的神话，突破时代和国界，在世界上广为传扬。2016 年 10 月 21 日，习近平总书记在纪念红军长征胜利 80 周年大会上发表重要讲话，指出历史是不断向前的，要达到理想的彼岸，就要沿着我们确定的道路不断前进。长征精神历久弥新，每一代人有每一代人的长征路，每一代人都要走好自己的长征路。今天，我们这一代人要领会长征精神，传承长征精神，弘扬长征精神，为实现“两个一百年”奋斗目标、实现中华民族伟大复兴的中国梦不懈奋斗。

延安精神。延安精神是指中共中央长征到陕北，在延安的 13 年里，领导人民进行中国革命斗争，形成的带有体系性的观念和作风，是我们党的又一宝贵精神财富。2002 年 3 月，江泽民在《在西安主持召开西部大开发工作座谈会时的讲话》中，对延安精神内涵进行了系统概括：“坚定正确的政治方向，解放思想、实事求是的思想路线，全心全意为人民服务的根本宗旨，自力更生、艰苦奋斗的创业精神是延安精神的主要内容。”②

① 胡锦涛：《在纪念红军长征胜利 70 周年大会上的讲话》，《人民日报》2006 年 10 月 23 日。

② 《江泽民文选》第二卷，人民出版社 2006 年版，第 168 页。

其中，坚定正确的政治方向是延安精神的灵魂；解放思想、实事求是的思想路线是延安精神的精髓；全心全意为人民服务的根本宗旨是延安精神的本质体现；自力更生、艰苦奋斗的创业精神是延安精神的显著特征。延安精神中虽然有自力更生、艰苦奋斗、独立自主、实事求是、为人民服务、密切联系群众等内容，但核心和灵魂是对共产主义理想的坚定信念。习近平总书记2020年4月23日在陕西考察时指出，延安精神培育了一代代中国共产党人，是我们党的宝贵精神财富。要坚持不懈用延安精神教育广大党员干部，用以滋养初心、淬炼灵魂，从中汲取信仰的力量、查找党性的差距、校准前进的方向。

红岩精神。红岩精神形成于抗日战争和解放战争时期的国民党统治中心重庆。在中共中央的领导下，以周恩来为代表的南方局老一辈无产阶级革命家、共产党人和革命志士同帝国主义、国民党反动派进行艰苦卓绝斗争的历史概括。红岩精神有着极其丰富的科学内涵：刚柔相济、锲而不舍的政治智慧；“出淤泥不染，同流不合污”的政治品格；以诚相待、团结多数的宽广胸怀；善处逆境、宁难不苟的英雄气概等，彰显了共产党人的崇高精神境界、坚定理想信念、巨大人格魅力和浩然革命正气。2019年4月15日至17日，习近平总书记在重庆考察调研时，再次提到了红岩精神。他要求重庆要运用好红色资源，教育广大党员、干部坚定理想信念，养成浩然正气。

西柏坡精神。西柏坡是解放全中国的最后一个农村指挥所，70多年前，毛泽东和党中央在这里指挥了具有决定意义的“三大战役”，土地改革运动和七届二中全会也是在这里进行的，形成了以“两个务必”为核心的西柏坡精神。在这次会议上，毛泽东强调：“务必使同志们继续地保持谦虚、谨慎、不骄、不躁的作风，务必使同志们继续地保持艰苦奋斗的作风。”[①] 西柏坡精神的内涵主要包括以下几个方面：为了人民、依靠人民

① 《毛泽东选集》第四卷，人民出版社1991年版，第1328页。

的公仆精神；敢于斗争、敢于胜利的进取精神；政治协商、团结合作的民主精神；立规严纪、集中统一的看齐精神；谦虚谨慎、艰苦奋斗的赶考精神。西柏坡精神是党的优良传统和作风在重大历史转折关头的一次大检验、大总结、大发展，是党在长期革命斗争中锻造的革命精神的一次大升华。习近平总书记强调，全党同志要不断学习领会“两个务必”的深邃思想，始终做到谦虚谨慎、艰苦奋斗、实事求是、一心为民，继续把人民对我们党的“考试”、把我们党正在经受和将要经受各种考验的“考试”考好，使我们的党永远不变质、我们的红色江山永远不变色。

（二）建设岁月

在意气风发、激情燃烧的建设岁月，勤劳勇敢的中国人民自力更生、艰苦创业，形成了抗美援朝精神、红旗渠精神、“两弹一星”精神、焦裕禄精神等伟大精神。

抗美援朝精神。作为惊天动地的“立国之战”，抗美援朝战争，打出了国威，打出了军威，锻造了伟大的抗美援朝精神，赢得了世界被压迫民族和爱好和平的各国人民的赞誉，同时也极大地提升了新中国在国际舞台上的地位。2010 年 10 月 25 日，习近平同志在纪念中国人民志愿军抗美援朝出国作战 60 周年座谈会上发表讲话，系统概述了抗美援朝精神内涵：“祖国和人民利益高于一切、为了祖国和民族的尊严而奋不顾身的爱国主义精神，英勇顽强、舍生忘死的革命英雄主义精神，不畏艰难困苦、始终保持高昂士气的革命乐观主义精神，为完成祖国和人民赋予的使命、慷慨奉献自己一切的革命忠诚精神，以及为了人类和平与正义事业而奋斗的国际主义精神。”①2020 年

① 习近平：《在纪念中国人民志愿军抗美援朝出国作战 60 周年座谈会上的讲话》，《人民日报》2010 年 10 月 26 日。

10月23日，习近平总书记在纪念中国人民志愿军抗美援朝出国作战70周年大会上发表重要讲话，明确指出伟大抗美援朝精神跨越时空、历久弥新，必须永续传承、世代发扬。

红旗渠精神。20世纪60年代，在党的领导下英雄的林县人民，凭着誓把河山重安排、敢教日月换新天的豪气，靠着一锤一钎一双手，硬是苦战十年，痴心不改，劈开巍巍太行山，引进了涓涓漳河水，终使昔日的荒山变成了今日的粮仓。红旗渠的建成，解决了林县60万人民群众的饮水困难，创造了人间奇迹，也形成了红旗渠精神，其内涵包括以下六个方面：对党忠诚、矢志不渝的政治品格；服务群众、为民造福的宗旨意识；敢想敢为、实事求是的工作作风；自力更生、艰苦奋斗的创业精神；同甘共苦、以身作则的工作态度；严格自律、廉洁奉公的廉政意识。习近平总书记指出："红旗渠精神是我们党的性质和宗旨的集中体现，历久弥新，永远不会过时。"①在历史的新征程上，我们仍然需要继续发掘包括红旗渠精神在内的宝贵精神财富，不畏艰险，迎难而上，凝心聚力谋发展，撸起袖子加油干，为实现中华民族伟大复兴的中国梦而不懈奋斗。红旗渠精神是中华民族伟大精神的集中展现，至今仍具有重要的时代价值。

"两弹一星"精神。20世纪五六十年代，为打破核大国的核讹诈、核垄断，维护国家安全，在条件十分艰苦的情况下，党中央果断作出研制"两弹一星"的战略决策。我国老一辈科学家在茫茫沙漠中风餐露宿，团结协作，克服了种种困难，突破了一个又一个技术难关，取得了中华民族为之自豪的伟大成就。"两弹一星"精神是一种崇高精神，是爱国主义、集体主义、社会主义精神和科学精神的突出体现，是中国人民在社会主义建设时期为中华民族创造的宝贵精神财富。1999年9月，江泽民在表彰

① 《红旗渠精神历久弥新，永远不会过时——论中国共产党人的精神谱系之三十六》，《人民日报》2021年11月11日。

为研制“两弹一星”作出突出贡献的科技专家大会上，将“两弹一星”精神进一步概括为“热爱祖国、无私奉献，自力更生、艰苦奋斗，大力协同、勇于攀登”。其中，“热爱祖国、无私奉献”是“两弹一星”事业奋斗者的共同追求和崇高境界，是中华民族优秀传统和时代精神在新中国尖端技术领域的集中体现；“自力更生、艰苦奋斗”是“两弹一星”精神的实质，是“两弹一星”伟大事业成功的根本保障；“大力协同、勇于登攀”是成就“两弹一星”事业的重要保证，充分体现了依靠集体智慧协同攻关的集中力量办大事的社会主义制度优势。2020 年 9 月 11 日，习近平总书记在科学家座谈会上明确要求广大科技工作者要“弘扬‘两弹一星’精神，主动肩负起历史重任，把自己的科学追求融入建设社会主义现代化国家的伟大事业中去”①。当前，我国正处于发展的关键期，新的形势和新的任务，要求我们继承和发扬“两弹一星”精神，不断开创中国特色社会主义事业新局面。

焦裕禄精神。焦裕禄同志是在社会主义建设时期涌现出来的人民的好公仆、干部的好榜样。焦裕禄精神是一种向焦裕禄同志学习的精神。2009 年，习近平同志在河南视察时，在兰考全县干部群众座谈会上，他把焦裕禄精神概括为“亲民爱民、艰苦奋斗、科学求实、迎难而上、无私奉献”。焦裕禄精神包含五个方面的内涵：亲民爱民：牢记宗旨、心系群众，“心里装着全体人民、唯独没有他自己”的公仆精神；艰苦奋斗：勤俭节约、艰苦创业，“敢教日月换新天”的奋斗精神；科学求实：实事求是、调查研究，坚持一切从实际出发的求实精神；迎难而上：不怕困难、不惧风险，“革命者要在困难面前逞英雄”的大无畏精神；无私奉献：廉洁奉公、勤政为民，为党和人民事业鞠躬尽瘁、死而后已的奉献精神。50 多年来，焦裕禄精神就像一团不熄的火焰，穿越时空，不断被赋予新的时代内涵，照亮了一

① 习近平：《在科学家座谈会上的讲话》，人民出版社 2020 年版，第 12 页。

代又一代党员领导干部的前行之路。2014 年 3 月，习近平总书记在河南省兰考县调研时指出，焦裕禄精神“过去是、现在是、将来仍然是我们党的宝贵精神财富，我们要永远向他学习”①。

（三）改革时期

在波澜壮阔、积极奋进的改革开放时期，伟大的中国共产党带领全国各族人民开拓创新、锐意进取，培育了包含着小岗精神、浦东精神、特区精神、抗洪精神、载人航天精神、伟大抗震救灾精神的改革开放精神。

小岗精神。1978 年，安徽凤阳小岗村的 18 位村民顶着“被杀头”的风险，在包产到户的契约上摁下了鲜红的手印，拉开了我国农村改革的大幕，并推动了家庭联产承包责任制等一系列政策的出台，引领着中国改革开放向着纵深一步步迈进。小岗村因此被誉为中国农村改革开放的重要发源地，在我国改革开放道路中有着极其重要的地位和历史意义。在之后 40 多年的农村改革探索中，当年“敢闯、敢试、敢为人先”的“大包干精神”不断得到继承和发扬，逐渐沉淀和凝练为小岗精神。小岗精神的主要内涵可以概括为：敢为人先、突破创新，解放思想、实事求是，不怕风险、敢闯敢干，相信群众、依靠群众的小岗精神。改革并没有什么固定的模式和道路，只要以最广大人民的根本利益为出发点，就可以大胆尝试、大胆创新。改革可能会失败，但故步自封、因循守旧，国家就会止步不前，甚至倒退。中国共产党人就富有冒险精神，勇于自我革命，敢于突破思想的枷锁。改革还要以人民群众对美好生活的向往为根本落脚点，激发并凝聚人民群众的智慧和创造力，发挥人民群众的力量，让人民在改革中感受到更

① 《习近平关于党的群众路线教育活动论述摘编》，中央文献出版社、党建读物出版社 2014 年版，第 42 页。

多“获得感”“成就感”。回首“中国农村改革第一村”，习近平总书记强调：“雄关漫道真如铁，而今迈步从头越。今天在这里重温改革，就是要坚持党的基本路线一百年不动摇，改革开放不停步，续写新的篇章。”①

浦东精神。上海浦东发展至今，从最初的“烂泥渡”延生出比肩白云的高楼大厦，将魔都上海的天际线不断拔高，金融中心闪耀出了新的国际金融格局，浦东俨然成了上海的一张“名片”。在走过的30多年发展历程中，上海浦东创造了无数个了不起的奇迹，形成了当代中国精神宝库中的浦东精神。2020年11月12日，习近平总书记在浦东开发开放30周年庆祝大会上的讲话中指出：“‘装点此关山，今朝更好看。’上海是一座光荣的城市，是一个不断见证奇迹的地方。浦东开发开放30年的历程，走的是一条解放思想、深化改革之路，是一条面向世界、扩大开放之路，是一条打破常规、创新突破之路。展望未来，我们完全有理由相信，在新时代中国发展的壮阔征程上，上海一定能创造出令世界刮目相看的新奇迹，一定能展现出建设社会主义现代化国家的新气象！”②

特区精神。兴办经济特区，是我们党和国家立足世界大势和中国国情，为推进改革开放和现代化建设迈出的重要一步。1980年8月，我国第一个经济特区——深圳经济特区获国务院正式批准成立。经过40多年改革开放大潮的锤炼，中国的经济特区创造了令人刮目相看的经济发展奇迹，并形成了支撑特区经济巨人迅速发展壮大的特区“十大精神”。2018年4月13日，习近平总书记在庆祝海南建省办经济特区30周年大会上的重要讲话中强调：要发扬敢闯敢试、敢为人先、埋头苦干的特区精神，以昂扬的精神状态推动改革不停顿、开放不止步。特区精神的内涵丰富、博大精深，是一个多层次、多方面的完整体系。其主要内涵包括：敢闯敢

① 《总书记来到我们身边》，《人民日报》2016年4月28日。

② 习近平：《在浦东开发开放30周年庆祝大会上的讲话》，《人民日报》2020年11月13日。

试、敢为人先是特区精神的动力引擎；开放包容、海纳百川是特区精神的显著标识；追求卓越、崇尚成功、宽容失败、注重创新是特区精神的灵魂所在；埋头苦干、务实高效、崇尚法治是特区精神的突出品格。2020年10月14日，习近平总书记在庆祝深圳经济特区成立40周年大会上发表的重要讲话中指出："在新起点上，经济特区广大干部群众要坚定不移贯彻落实党中央决策部署，永葆'闯'的精神、'创'的劲头、'干'的作风，努力续写更多'春天的故事'，努力创造让世界刮目相看的新的更大奇迹！"在深圳建设中国特色社会主义先行示范区的新征途上，凝练而有力的新时代深圳精神："敢闯敢试、开放包容、务实尚法、追求卓越"，将为这座城市叩响新的时代强音，为特区砥砺前行提供强劲的精神力量。

抗洪精神。1998年，我国遭遇了历史上百年难遇的特大洪涝灾害，洪水肆意侵蚀着中华大地！在人民群众生命财产面临严重威胁的危难时刻，我人民子弟兵发扬伟大的革命精神，将"祖国无战事，军人有牺牲"的内涵演绎得淋漓尽致。江泽民对抗洪精神给予了高度赞扬，他强调指出，在这场伟大的抗洪抢险斗争中，我们形成了万众一心、众志成城，不怕困难、顽强拼搏，坚韧不拔、敢于胜利的伟大抗洪精神，这是无比珍贵的精神财富。万众一心、众志成城是中国人民强大凝聚力的真实写照。全国人民齐心协力，举国上下团结一心，炎黄子孙紧紧地凝聚在一起。不怕困难、顽强拼搏，充分展现了中国人民革命乐观主义精神。在这场没有硝烟的战斗中，涌现出无数奋不顾身、大力凛然的无名英雄。坚韧不拔、敢于胜利，深刻展现了中国人民大无畏的英雄气概。英雄的中华儿女誓与洪水抗争到底，面对危险毫无惧色，击退了洪峰一次又一次的侵袭，昂首挺胸挺立在滔滔洪水面前。洪水涨一尺，斗志高一丈。情况越危急，我们越勇敢，这是多么令人鼓舞的勇气和信念。抗洪精神的内涵是，以大公无私、舍生取义的共产主义精神为灵魂；以国家利益人民利益高于一切的大局意识为核心；以团结拼搏、众志成城，"一方有难，八方支援"的协作精神为支撑；以不惧困难、无畏艰难、敢于斗争的英雄主义精神为引领；以自强不息、贵公重义、艰苦奋斗、顽强拼搏等民族精神为指引。2020年8月20日，习近平总书记在听取军队参与抗洪救灾工作汇报时指出，要发扬连续奋战作风，有力组织抢险救灾，支援地方灾后恢复重建，切实完成防汛救灾后续任务。

载人航天精神。2003年11月7日，党中央、国务院、中央军委举行庆祝我国首次载人航天飞行圆满成功大会，胡锦涛强调，伟大的事业孕育伟大的精神。在艰苦卓绝的奋斗中，我国航天事业工作者不仅铸就了伟大的科技奇迹，而且创造了“特别能吃苦、特别能战斗、特别能攻关、特别能奉献”的中国载人航天精神。2005年11月26日，党中央、国务院、中央军委召开庆祝神舟六号载人航天飞行圆满成功大会。胡锦涛对载人航天精神作进一步深刻阐释，载人航天精神主要表现为：热爱祖国、为国争光的坚定信念；勇于登攀、敢于超越的进取意识；科学求实、严肃认真的工作作风；同舟共济、团结协作的大局观念；淡泊名利、默默奉献的崇高品质。2016年4月24日，习近平总书记在首个“中国航天日”到来之际作了重要指示：探索浩瀚宇宙，发展航天事业，建设航天强国，是我们不懈追求的航天梦。经过一代代航天工作者的赓续奋斗，我国航天事业创造了以“两弹一星”、载人航天、月球探测为代表的辉煌成就，走出了一条自主创新、自力更生的发展道路，形成了伟大的载人航天精神。载人航天精神是民族精神与发展航天事业相结合的产物，凝聚了以爱国主义为核心的民族精神和以改革创新为核心的时代精神。

伟大抗震救灾精神。伟大抗震救灾精神是在生与死的考验中铸就的一座精神丰碑，是团结凝聚全党全国各族人民战胜巨灾的坚强精神纽带，是中国精神的重要组成部分。伟大抗震救灾精神是胡锦涛对全党全国各族人民在“5・12”四川汶川特大地震的抗震救灾中所表现出来的伟大精神的概括：万众一心、众志成城，不畏艰险、百折不挠，以人为本、尊重科学。具体包含以下内涵：万众一心、众志成城，体现了中国人民团结奋进的强大力量；不畏艰险、百折不挠，体现了中国人民泰山压顶不弯腰的英勇气概；以人为本、尊重科学，体现了对人民的高度关爱、对科学的高度尊重。抗震救灾精神，是爱国主义、集体主义、社会主义精神的集中体现的新的发展，是我们党和军队光荣传统和优良作风的集中体现和新的发展，是中华民族的民族精神在当代中国的集中体现和新的发展。

（四）奋进的新时代

党的十八大以来，中国特色社会主义进入了新时代。新时代意味着新征程，新时代召唤着新作为，在奋力迈向新时代的今天，形成了包括自我革命精神、女排精神和抗疫精神在内的伟大精神。

自我革命精神。习近平总书记在十九届中央政治局第十五次集体学习时指出，越是长期执政，越不能忘记党的初心使命，越不能丧失自我革命精神，在新时代把党的自我革命推向深入。中国共产党的伟大之处在于依靠自身的力量，紧紧地团结全国各族人民，始终不忘自我革命、自我革新，始终保持蓬勃向上的朝气和活力，坚持开展党的先进性纯洁性建设。党员干部要始终牢记党的初心和使命，以自我革命的决心和刀口向内的勇气在思想、政治、作风、能力、廉洁等方面实现自我改造、自我提升。自我革命必须坚持以思想为根基。习近平总书记指出，理想信念就是共产党人精神上的“钙”，没有理想信念，理想信念不坚定，精神上就会“缺钙”，就会得“软骨病”。作为追求进步、自我革新的精神之魂，作为克服困难、战胜风险的精神信仰，自我革命就是中国共产党立党兴党之本，必须始终坚持以问题为导向。作为拥有 9800 多万名党员、500 多万个党组织的世界第一大党，除了自己，没有什么能压倒我们。中国共产党的伟大之处在于敢于直视矛盾问题、有着壮士断腕进行自我革命的政治勇气。这种政治勇气，是中国共产党特有的政治品格。

女排精神。女排精神始于20世纪80年代中国女排在“五连冠”的争冠道路上体现出的永不言弃的精神。当时，中国的改革开放刚刚起步，百废待兴，物质文明建设和精神文明建设都需要一种“正能量”，来支撑和推动中国改革开放事业的大踏步前进。此时，中国女排以其追求“更快更高更强”的竞技目标和百折不挠、顽强拼博的体育精神，书写了时代的最强音。女排精神的内涵主要包括：无私奉献精神；团结协作精神；艰苦创业精神；自强不息精神。习近平总书记在2019年向中国女排夺取世界杯冠军致电祝贺时强调，新中国取得的举世瞩目的伟大成就是全党全国各族人民团结一心、艰苦奋斗干出来的。伟大成就是一代代人不断奋斗的结果，伟大事业需要在赓续奋斗中开创。新时代必将是大有可为的时代。我们要学习中国女排那种自强不息、团结奋斗的精神，全国各族人民团结在一起共同书写民族复兴的绚烂篇章。

抗疫精神。2020年，在与突如其来的疫情的生死抗争中，平凡的中国人民发扬不怕牺牲、勇于奉献的大无畏主义，创造了伟大的抗疫精神。在全国抗击新冠肺炎疫情表彰大会上，习近平总书记精辟概括并深入阐释了伟大抗疫精神，强调要在全社会大力弘扬伟大抗疫精神，使之转化为投身全面建设社会主义现代化国家伟大实践、实现中华民族伟大复兴的内在动力。抗疫精神的主要内涵是：生命至上，深刻体现了中华民族的仁爱精神和中国共产党为人民谋幸福的初心使命；万众一心，深刻体现了中华儿女众志成城、团结一致的协作精神；不怕牺牲，深刻体现了炎黄子孙敢于与任何困难作斗争的顽强毅力；科学施策，深刻体现了中国人民脚踏实地、开拓进取的创新精神；休戚与共，深刻体现了中国人民同舟共济、爱好和平的道义担当。在伟大抗疫精神中，生命至上、万众一心、不怕牺牲、科学施策、休戚与共五个方面相互联系，融为一体，共同构成了伟大抗疫精神的科学内涵，集中体现了伟大抗疫精神所特有的人民性、民族性、艰巨性、科学性、世界性，蕴含着抗疫斗争历程的重大历史意义和现实意义。习近平总书记指出：“伟大抗疫精神，同中华民族长期形成的特质禀赋和文化基因一脉相承，是爱国主义、集体主义、社会主义精神的传承和发展，是中国精神的生动诠释，丰富了民族精神和时代精神的内涵。”①

二、以红色基因为基的革命精神的巨大作用

习近平总书记指出，伟大的革命实践产生伟大的革命精神。是中国共产党在领导全国各族人民进行革命斗争、社会主义建设以及改革开放的伟大实践中，一代代共产党人不懈奋斗、艰辛探索形成了以红色基因为基的革命精神。以红色基因为基的革命精神无论是在国家层面、民族层面、人民层面以及世界层面都具有重要价值并且发挥着巨大的作用。

（一）为国家独立和富强提供了精神保障

国家独立和富强是实现中华民族伟大复兴中国梦的前提和基础。自鸦片战争爆发，外国列强用坚船利炮打开我国的大门以来，在长达一百多年的时间里，我国始终处于被动挨打的局面。造成我国屈辱近代史的一个重要原因就是彼时国家积贫积弱，经济发展十分落后。国家羸弱则必然外敌入侵，民族振兴和人民幸福则更是天方夜谭。与此相对应的，新中国成立后我国的国家面貌发生了翻天覆地的变化，整个民族的精神随之焕然一

① 习近平：《在全国抗击新冠肺炎疫情表彰大会上的讲话》，人民出版社 2020 年版，第 16 页。

新，这充分证明只有实现国家独立和富强，民族振兴和人民幸福才有坚实的基础和保障。以红色基因为基的革命精神与优秀的中华传统文化一脉相承，坚持以国家为中心的理念，秉承国家利益至上的原则，为国家独立和富强提供了强大的精神保障。

在中国共产党团结带领全国人民为创建新中国奋斗的过程中，以红色基因为基的革命精神包含了打破旧的国家制度和国家机器的革命任务和追求。其与抗战精神、西柏坡精神等革命精神一同，鼓舞和支持了全国人民，最终在中国共产党的领导下实现了中国从几千年封建专制政治向人民民主的伟大飞跃，使中国获得了完全独立并屹立于世界民族之林。在新中国成立 70 多年的历史进程中，以红色基因为基的革命精神对国家价值体现的更加凸显，无论是在新中国确立国家地位的过程中，还是在社会主义建设和探索并取得伟大成就的实践中，其都提供了强大的精神力量和精神保障。这些成就和变化无疑雄辩地证明了历史和人民选择中国共产党、选择中国特色社会主义道路以及选择改革开放的正确性。

（二）为中华民族觉醒和复兴提供了精神引领

一个民族要想发展，前提是必须保持民族精神的独立。实现中华民族伟大复兴既是中国人民最大的梦想，也是从近现代以来中国最重要的任务。在人类社会发展的前沿也曾有中华民族的显著位置，中华民族精神同时也保持高度独立，但是近代以来资本主义和帝国主义的侵略以及本国封建势力的腐朽的双重打击下，近代中华民族不断在世界上被边缘化，成为帝国主义的猎物，中华民族遭受了近百年的欺凌和苦难。为了救亡图存，农民阶级、资产阶级改良派、资产阶级革命派先后登上历史舞台，但最终无一例外地都以失败而告终，民族觉醒和复兴之路遭受挫折，民族精神的独立性也受到削弱。

中华民族到了最危险的时候，此时诞生了伟大的中国共产党，经过艰辛努力和付出重大牺牲，最终扛起了革命的重任，取得了新民主主义革命的完全胜利，实现了国家独立，中国人民从此站起来了。在这一过程中形成的革命精神，彻底实现了民族意识的觉醒，实现了中华民族精神的独立，为民族觉醒和复兴指明了方向。70 多年的社会主义建设过程中，先后经历了社会主义改造、社会主义建设和探索几个阶段，最终完成了中华民族有史以来最为广泛而深刻的社会变革。当代中国之所以能够获得如此的发展和进步，根本的政治前提、制度基础和物质基础便是从中而来。改革开放以来，中国共产党顺应历史潮流，洞悉世界发展大局，开创和发展了中国特色社会主义，使中华民族实现了从站起来到富起来的伟大飞跃。这一过程中形成的革命精神为中华民族的复兴提供了强大的精神引领。进入新时代，在中国革命精神的鼓舞和支撑下，国家治理日益完善，脱贫攻坚硕果累累，国家综合实力显著提升，中华民族又迎来从富起来到强起来的飞跃。中华民族持续走向繁荣富强并逐渐走近世界舞台中央，成为影响世界发展格局的重要力量。

（三）为中国人民解放和幸福提供了精神支撑

人民价值是马克思主义唯物史观的基本观点，历史唯物主义认为，人民群众是历史的创造者和推动者，是决定国家和民族前途命运的根本力量。社会生产力、社会实践的主体是人民群众，同时人民群众也创造了社会历史，并在这个过程中丰富了社会物质财富和精神财富，毫无疑问，人民群众是社会变革、推动社会发展的决定性力量。中国共产党以马克思主义作为自己的指导思想，为人民谋幸福、为中华民族谋复兴自成立之初就成为其不变的初心和使命、革命理念和价值追求。中国共产党的这种红色基因决定了其革命精神基因的核心必然是人民价值，即为中国人民解放和幸福提供强大的精神支撑。

中国共产党革命精神充分展现了其人民性的价值追求，是中国共产党始终把实现最广大人民的根本利益作为党的先进性的独有特质。中国共产党之所以能够赢得民心，正是由于中国共产党始终从人民的立场出发，充分且广泛地调动和发挥了广大人民群众的积极性与主动性，凝聚强大的人民力量。正是在广大人民群众的支持和拥护下，中国共产党才从一个革命党成为执政党，圆满完成了实现国家独立和人民解放的历史任务。如今，在新的历史起点上，中国共产党又有新的任务需要完成，因此必须在革命精神的支撑下继续坚持人民立场，始终清醒认识人民群众是决定党和国家前途命运的根本力量，并深深扎根于人民群众之中，坚持从人民群众的切身利益出发推动改革创新，继续为满足人民对美好生活的向往、实现人民幸福而努力奋斗。

（四）为人类文明长久持续发展提供了精神启发

人类文明统一性和多样性是社会发展历史决定性和社会主体选择性的必然结果。以红色基因为基的革命精神是在中国革命、建设、改革的实践中形成并升华的，必然具有鲜明的中国特色和中国风格。但从人类文明这个整体来看，这种革命精神不仅传承了中华优秀传统文化，而且也积极吸收借鉴了其他人类文明的优秀成果，深刻反映了人类文明的多样性、独特性和交融性，展现了深邃的历史视野、广阔的世界眼光和道义的自觉。

以红色基因为基的革命精神对人类文明的长久持续发展提供了精神启发，贡献了中国智慧和中国经验，具有显著的世界价值。如世界其他各国争取民族独立和人民解放的运动中抗战精神为其提供了精神启发。二战后新生的政权国家在应对西方国家推行的强权政治和霸权主义面前，抗美援朝精神有利地启发和鼓舞了他们。伴随着全球化地深入发展，世界各国已日益成为休戚相关、密不可分的命运共同体，与此同时，人类文明发展也面临前所未有的挑战。应对人类共同的难题和挑战，从精神文明角度，必须要推动人类文明深度融合，扩大交流。在这其中深入挖掘以红色基因为基的革命精神与人类文明的共性特质具有重要意义和价值，以红色基因为基的革命精神必将为人类文明长久持续发展提供更多的精神启发。

三、传承红色基因，永葆革命精神

传承红色基因是全党全社会的共同任务。在新的时代背景下，中国共产党人尤其要自觉保持和弘扬革命精神和优良传统，忠实传承党的红色基因，始终保持党的先进性和纯洁性，并且带动全社会深刻认同和传承，使之成为全社会不断奋进的强大精神支柱。

当前，应着重做好以下几点。

（一）坚定执着追理想

理想和信念对于中国共产党来说属于革命精神和优良传统的核心内容，更是党的精神的重要支撑。习近平总书记曾经再三强调，必须拥有坚不可摧的理想和信念，必须拥有共产党人的精神风貌，这些从始至终对于共产党人来说都至关重要。

美好的理想和信念，让我们可以看到更为充满希望的未来，正是理想和信念为中国共产党在经历了无数磨难、艰险之后，提供了指引的方向，从而使共产党人拥有无穷无尽的力量。井冈山时期，正是因为具备坚定的理想和信念，相信中国革命必将迎来胜利的曙光，才会无惧白色恐怖，才会坚信星火可以燎原；长征过程当中，正是凭借着坚定的理想和信念，才会更为执着、更为勇敢，能够在围追堵截当中，走向胜利的彼岸；延安时期，正是因为具备坚定而崇高的理想，让更多的有志青年怀着巨大的热情投入到革命圣地；西柏坡时期，还是凭借坚定的理想和信念，才能够最后取得了新民主主义革命的政权，并且展现出新中国的美景。

正是因为这些历史让我们受到启发，理想和信念直接决定着党的生机、党的未来，不论任何时候都不能够缺失，无论任何时候都不应该动摇；理想和信念属于党性的最根本内容，属于党员开展工作的前提。新的历史阶段，党的建设更需要继承和发扬具备理想和信念的红色基因。一是为了更好地应对考验和危险。不论是世情、国情还是其他方面都会不断地发生变化，党在很长的一个时间段内需要面对众多的考验和危险，要想更好的对付这一切，必须加强精神方面的建设。二是重建精神家园的迫切需要。因为来自多个方面的影响，个别党员干部有可能迷失自己，因而导致失去理想和信念、精神和道德方面出现问题，更有甚者会走向贪污腐败。所以重新进行精神家园的建设，需要有理想和信念作为强大的精神支撑。

现阶段，我们可以将理想和信念作为我们前进道路上的指引，我们需要拥有坚定的理想和信念，并且为理想和信念付之行动。其一，要坚定政治信仰，恪守政治规矩。要将革命先烈作为我们的榜样，要自始至终的坚持真理；要掌握科学的知识和理论并且用来武装自己，坚定共产党人的政治理想；要学习党章、按照党章党规开展工作，从始至终都遵守党纪党规。其二，要拥有高尚的情操。加大力度促使党员开展学习，提升本身的修养和认知，善于进行自我反省，自主自愿地脱离不正之风。其三，要有正确的目标和方向，要在自己的岗位上不断取得成绩。要坚持党的全面领导，动员各方面力量为实现“十四五”规划和2035年远景目标而团结奋斗；要融入到劳动当中，要通过劳动体现本身的价值，要懂得奉献，要利用奉献来回报祖国和人民。其四，要摒弃畏难情绪，勇敢担负重任。出现了难题，要表现出挫折面前绝不低头的精神；危及关头，要勇敢的冲在最前面，并且敢于应对所有的邪恶势力。

（二）实事求是闯新路

中国共产党革命精神优良传统最本质的表现就是实事求是，它属于党思想路线的关键，属于党最根本的开展工作的引领思想，能够更好的帮助党认知和完善世界。习近平总书记倡导坚持“实事求是闯新路”，需要我们党在新的历史阶段弘扬革命精神和优良传统，将实事求是继承和发扬下去。不论是党的革命阶段还是党的建设阶段，实事求是都是最为关键的，对于中国共产党和中国革命来说正是因为实事求是才无数次平安脱险，无数次化险为夷。井冈山时期，正是因为凭借着实事求是，引导中国革命开始了独具特色的道路；苏区时期，也是因为实事求是，才有了农村调查研究的滚滚激情；长征时期，也是由于实事求是，毛泽东思想、马克思主义思想才得到了肯定，党和中国共产党才从失败当中走出来；延安时期，是实事求是从始至终贯穿于党的整风运动当中，我们党在毛泽东思想的引领下才会更加团结；西柏坡时期，也是因为实事求是，党发动了土地改革，发起“三大战役”，终将革命进行到底，我们才拥有了全新的一切。

正是这些历史让我们有了清晰的认知，只有实事求是，才会让党的路线、党的方针和党的决策都能够适应时代的发展，符合民众的心理，党的事业才会取得更大进展。如果脱离了实事求是，党的事业也会因此而需要承受巨大的损失，更为严重地说，会因此而遭受挫败。党员干部必须坚持实事求是，坚持将实事求是融入到工作当中，党的事业才会更为繁荣。新的历史阶段党的建设发展更需要将实事求是这种红色基因进一步继承和发扬。其一，是进行新的伟大斗争的迫切需要。中国共产党现阶段开展的是具备全新历史伟大特征的内容，为了中国梦要力排万难，充满生机和活力。在国外和国内很多不利因素约束下，党不仅要有胆有识，勇于斗争，还需要具备科学合理的方针和策略。其二，是为了满足治理思想作风当中的不良之风的需要。现阶段和实事求是相背离的思路和方法不胜枚举。要对这些不良之风进行更为合理高效的治理，则要有科学的理论基础作为后盾。

现阶段，实事求是也可以算作是一种创新，我们需要对实事求是有更深层次的理解，要在工作方法和领导方法当中融入实事求是，从始至终将实事求是作为一种规律和原则来展开工作。一是从实际出发谋事创业。要通过调查和进一步钻研，掌握具体状况，思考问题、进行规划、开展工作都要适应客观规律，绝对不能冲动行事，绝对不能凭借一股热情盲目开展工作。二是坚持理论联系实际。能够在实际工作当中起到引领作用的理论才会充满勃勃生机，在理论引领下的实际工作才更具备科学的内涵。为了保证所有的工作和事业都在正确的轨道上运行，需要从始至终将理论和具体实践相结合。三是解放思想开拓进取。既要解放思想又要实事求是。从原有的理念约束当中突围出来，对原有的思维方式进行改进，将客观存在的具体状况作为借鉴进一步改进和完善；掌握工作当中的具体问题，掌握所有的工作和事业发展的原则，展开更深入的对规律的认知，从而进一步拓宽思路，完善工作方法。四是以改革的思路破解难题。现阶段，各种因素、各类问题都在不断地发生和变化。要想改变原有的思维方式，就需要以全新的思路去解决工作当中存在的困难，形成全新的方式方法。

（三）艰苦奋斗攻难关

中国共产党所具备的革命精神和优良传统当中，“谦虚谨慎、艰苦奋斗”精神地位独特，影响深远。新中国成立之前，我们党提出的“两个务必”，成为中国共产党永远保持先进、保持纯洁的前提。

党的革命和建设当中，正是这种精神引领着党即使在极其不利的氛围当中都能够不断地成长和壮大；全国即将胜利的关键时期，“两个务必”成为党走向胜利的关键；正是由于具备这种精神，井冈山人民才充满豪迈地无惧敌军的重重包围，苏区干部才会因此而形成艰苦朴素工作的作风；正是由于这种精神的存在，长征当中人们才会充满超乎寻常的智慧，才会拥有无所畏惧的革命乐观主义精神，延安军民才会勇敢地面对敌人的重重封锁，在艰难险阻当中以乐观的精神融入到大生产运动当中；也正是因为这种精神，解放区军民才会意志坚定地融入到生产生活当中，有鲜明的纪律进行约束，坚信革命一定会胜利。

正是这些历史给我们启迪，如果没有谦虚谨慎、艰苦奋斗精神作为坚强的后盾，我们的民族、我们的国家就无法取得更大的进展，我们的党就无法做到长治久安。如果没有这种精神作为坚强的后盾，党员干部会不再先进和纯洁，将无法和时代同步。新的历史时期，党的建设发展需要继承和发扬艰苦奋斗的精神。一是构建良好政治生态的迫切需要。现阶段，依然有部分腐败现象的存在，依然有可能生发出更多的消极腐败的内容。要形成全新的体系，形成高质量的政治生态氛围。二是党接力“赶考”的迫切需要。我们党要走出原有的历史规律，打破历史循环，党员干部要取得更好的成绩，就要靠“头脑清醒”，靠“两个务必”。

目前，坚持艰苦奋斗攻难关，我们要始终保持谨慎和谦虚的科学态度，并且展现出艰苦奋斗的精神状态。一是要谦虚谨慎，戒骄戒躁。要心胸广阔，虚心听取建议，向身旁的党员干部以及人民群众、向实践以及向书本不断地学习；要对“天下大事、必作于细”的理念加以遵从，所作的决策必须要有科学性，同时还要对民众的意见进行倾听，不可敷衍莽撞，以免致使工作以及事业受损。二是居安思危，艰苦奋斗。要对忧患意识进行提升，对“忧劳兴国，逸豫亡身”以及“艰难困苦，玉汝于成”等自古流传下来的准则加以牢记，使纯洁性和先进性得以永远保持；要先吃苦、后享受，自己毫不松懈，努力向上，不断地创新和有所作为，对更高的人生目标进行追求。三是勤俭节约，传承美德。要以勤劳和节俭来修身养德，将艰苦朴素的美好品德传承下去；要和民众一同吃苦和享受，共同分享和承担荣誉和耻辱，不看重排场，不在阔气与否方面作比较。四是廉洁奉公，无私奉献。要守得住清贫、耐得住寂寞，要清清白白做人、兢兢业业做事，坚守道德底线，坚持人格操守。

（四）依靠群众求胜利

作为党的生命线以及根本工作路线，群众路线同时还是中国共产党革命精神与优良传统当中的传家宝，而且永远不会过时。习近平总书记号召坚持“依靠群众求胜利”，要求我们党在当下这个全新的时代，对革命精神与优良传统进行持续发扬，要将群众路线的红色基因传承工作做到位。

在党的革命以及建设阶段，党在白色恐怖中生存与发展的根基因为群众路线的存而得以强化，同时也把党和民众紧密地关联在一起，使党不断地获取胜利。井冈山斗争，“唤起工农千百万”，将工农武装割据的局面打开；苏维埃政府对工人农民阶级的利益进行保护，才得以快速地扩大了苏区，并使其更为稳固；转战期间，红军设有严明的纪律，助力于穷苦人民，使其不再受压迫，各族民众筹备粮款为红军进行支援，确保了长征的最终胜利；延安时期，中国共产党对全国民众进行动员以及组织，才可以成为带领全民族抗战的关键力量；西柏坡时期，将封建土地枷锁彻底打碎，才可以和民众共同对我国社会的历史发展方向进行了扭转。

从诸多的历史事件中不难看出，只有对群众路线加以坚持，党才可以始终位于时代前列；对民众的主体力量进行发挥，对其首创精神进行尊重，党的事业才可以高效地开展。党员干部唯有真正地走群众路线，才可以同民众同甘共苦。踏进新时代之后，党的建设发展急需对群众路线的红色基因进行传承。一是增进人民福祉的迫切需要。增进人民福祉，以公平正义为目标，此为改革发展的关键价值方向。若想使民众的“获得感”更强，就要向下看、向下走，对民众提出的诉求予以满足，对民众的期盼作出回应，对民众所面对的关键问题进行化解，使改革发展具有更高的“含金量”。二是标本兼治“四风”的迫切需要。将背离于党的群众路线、与民众相脱离的长期累积下来的“四风”弊病彻底清除，应该针对“症状”实施“治疗”，运用猛药将“病”除掉。

现如今，坚持依靠群众获取胜利，应将群众立场站稳，使其主体地位得到确保，从始到终都要将党的群众路线视为自己的方法论与价值观。一是牢固树立群众观点，自发地对群众利益加以维护和促进。应该把“为了谁、依靠谁、我是谁”的命题牢牢地记住，多做一些知晓民情、化解民忧、温暖民心、惠及民生的实事好事。二是提高做好群众工作的本领。要在基层实际工作当中体察国情、锻炼意志、增长本领以及作出贡献，使自己精通于对群众的宣传、组织、服务。三是借助群众路线方法促进工作事业的不断发展。在思考问题、设立决策、办事情的时候，应将群众想法、要求、利益视为着手点，在群众参与以及监督中对工作以及事业进行创新。四是把对党负责有机地统一于对人民负责。把党的宗旨牢牢地记在心里，对公仆本色进行重新塑造，用以群众为根本来取代以自己为主体，全身心地服务于人民群众。

（五）自我革命守初心担使命

中国共产党人最初的愿望就是为我们国家的民众谋取幸福，使中华民族得以复兴，这也是其使命所在。它集中地展现出了党的宗旨、性质、纲领、奋斗方向，同时也是新时代党性的关键要点。“不忘初心、牢记使命”说着容易，做起来很难，需要有极强的勇于自我革命的精神。

作为我们党自带的政治基因，自我革命是坚守初心、担负使命的基础和根基。全球各国有多个政党，可以借助自我革命来使政党属性得以保持，并将政党使命加以完成的屈指可数，中国共产党就是其中的一个。究其根本，主要是因为我们党是将马克思主义作为指导，并且全心全意地服务于民众，为我们国家的民众谋取幸福，并且复兴中华民族正是其坚定不移的初心与使命。马克思与恩格斯在《共产党宣言》里强调，以往的所有运动均是少部分人的，或是为了少部分人谋取利益的，而无产阶级的运动则是大部分人的，是为了大部分人的利益而进行的独立的运动。相较于其他政党而言，马克思主义政党的一个最突出的特点就是并无自己的私心私利，其自身所带的政治基因里就包括了“反躬自省与检视自己”，敢于直接面对问题，可以持续地开展刀刃向内的自我革命。不对私利进行谋取，才可以对根本、对大利进行谋取，才可以从党的性质以及根本宗旨着手，将人民的根本利益作为出发点来对自己进行检视；才可以不对问题进行回避、不对缺点进行掩盖、不对自己的过错进行掩饰，在发现问题之后就予以解决，在发现缺点之后就进行弥补，在发现过错之后就进行改正，以使党的纯洁性、先进性得以永远保持。作为马克思主义政党，我们党并无任何自己的特殊利益，有的只是人民、民族和国家的利益，此即为我们党敢于进行自我革命，将初心和使命牢牢守住的真正底气。

无论是历史还是现实，都证明了我们党能够将先进性永远保持的关键就在于可以勇敢地面对、分析问题，并敢于将其解决。唯有一直以勇于自我革命精神来对自身的信仰加以坚定，才会真正地从根本上解决问题，将“昏懒庸贪”彻底根除掉，做到“清正廉洁”。唯有坚持以勇于自我革命精神来对自身的思想进行武装，才可以“无坚不摧、万毒不侵、金刚不坏、至刚无敌”。唯有从始至终以勇于自我革命精神来对党性进行历练和磨炼，才可以在现实工作中守住初心、担起使命，全面落实党中央的决策与任务。

第四章　红色基因的制度表达与传承

制度是定国安邦之根本。中国共产党的红色基因作为党的性质宗旨本色的集中体现，承载着党的价值追求、奋斗目标、精神风貌，渗透在党和国家制度建设的方方面面。中国共产党的红色基因是中国特色社会主义制度的“特色之源”，中国特色社会主义制度是中国共产党红色基因的制度呈现。二者因果呼应、表里相持，统一于党的建设新的伟大工程和中国特色社会主义伟大事业，统一于以党的自我革命推动社会革命。培植和传承红色基因需要高度关注红色基因在党和国家制度建设中的表达和传承，同时坚持和完善中国特色社会主义制度、推出治理体系和治理能力现代化也必须充分考虑红色基因的表达和传承。

一、红色基因制度表达的重要意义

制度问题更带有根本性、全局性、稳定性和长期性。邓小平说：“制度好可以使坏人无法任意横行，制度不好可以使好人无法充分做好事，甚至会走向反面。”[①]将红色基因以制度的形式固化下来，使广大党员励志律行有依据，言谈举止有准则，日常养成有遵循，久久为功，内化于心、外化于行，体现依法治国、依规治党的时代要求，体现治理体系和治理能力现代化的要求。

（一）红色基因传承的根本要求

2013 年 2 月，习近平总书记在视察部队时指出：“要发挥红色资源优势，深入进行党史军史和光荣传统教育，把红色基因一代代传下去。”[②]之后，习近平总书记在不同场合多次要求把红色资源利用好、红色传统发扬好，让红色基因代代相传。

坚持传承优秀传统文化是马克思主义的基本态度。马克思主义主张对一切人类优秀传统文化都要传承下去。列宁说：“马克思主义这一革命无产阶级的思想体系赢得了世界历史性的意义，是因为它并没有抛弃资产阶级时代最宝贵的成就，相反却吸收和改造了两千多年来人类思想和文化发展中一切有价值的东西。”[③]马克思主义是汲取世界文明一切优秀成果结出的思想硕果，是“从人类知识的总和中产生出来的”[④]，是人类文明所创造的优秀成果的“当然继承者”[⑤]。德国古典哲学、英国的古典政治经济学和法国的 19 世纪空想社会主义，被列宁称为马克思主义的三个来源。中国共产党以马克思主义为指导，汲取中华优秀传统文化，推进马克思主义中国化。1938 年 10 月，毛泽东在党的六届六中全会上说：“今天的中国是

① 《邓小平文选》第二卷，人民出版社 1994 年版，第 333 页。

② 《强军十年大事记》，《解放军报》2022 年 10 月 10 日。

③ 《列宁选集》第 4 卷，人民出版社 2012 年版，第 299 页。

④ 《列宁选集》第 4 卷，人民出版社 2012 年版，第 284 页。

⑤ 《列宁选集》第 2 卷，人民出版社 2012 年版，第 310 页。

历史的中国的一个发展；我们是马克思主义的历史主义者，我们不应当割断历史。从孔夫子到孙中山，我们应当给以总结，承继这一份珍贵的遗产。这对于指导当前的伟大的运动，是有重要的帮助的。”①习近平总书记指出：“中国共产党人是马克思主义者，坚持马克思主义的科学学说，坚持和发展中国特色社会主义，但中国共产党人不是历史虚无主义者，也不是文化虚无主义者。我们从来认为，马克思主义基本原理必须同中国具体实际紧密结合起来，应该科学对待民族传统文化，科学对待世界各国文化，用人类创造的一切优秀思想文化成果武装自己。在带领中国人民进行革命、建设、改革的长期历史实践中，中国共产党人始终是中国优秀传统文化的忠实继承者和弘扬者，从孔夫子到孙中山，我们都注意汲取其中积极的养分。”②中国共产党对待传统文化是这样的态度，对待自己的光荣传统和优良作风更是这样，一贯重视进行总结和传承。党在重要文件、重要会议、重要讲话、重大纪念日等时机，对党的历史进行深刻总结。从1937年毛泽东在中央政治局会议上讲“关于十五年来党的路线和传统问题”至今，以党中央或党的领导人名义，从全党层面所作的党的建设回顾就多达30多次，如《〈共产党人〉发刊词》，中共中央三个历史决议，党和国家领导人在建党周年时的讲话，党中央对党的教育活动总结，以及党中央关于加强党的建设的文件，都有对党的实践的经验总结，这些都是红色基因传承的实际举措。

我们党不仅重视红色基因传承，还重视红色基因传承的制度化建设，将红色基因提炼总结，上升为党的建设的规律和科学做法，进入党的建设的法规文件中，作为指导党的建设和党的事业的基本依据。早在1929年，我们党就总结党的建设和领导军队建设的经验，提出思想建党和政

① 《毛泽东选集》第二卷，人民出版社1991年版，第534页。

② 习近平：《在纪念孔子诞辰2565周年国际学术研讨会暨国际儒学联合会第五届会员大会开幕会上的讲话》，《人民日报》2014年9月25日。

治建军的原则，并将这些做法写进《古田会议决议》。党的六届七中全会通过《关于若干历史问题的决议》，对党的历史进行深刻总结，从政治路线、军事路线、组织路线、思想路线等方面进行深刻分析，立起了以毛泽东同志为代表的我们党和全国广大人民的正确路线和奋斗方向。毛泽东在党的七大所作的政治报告总结 24 年革命斗争的经验，指出："以马克思列宁主义的理论思想武装起来的中国共产党，在中国人民中产生了新的工作作风，这主要的就是理论和实践相结合的作风，和人民群众紧密地联系在一起的作风以及自我批评的作风。"① 这是在党的历史上首次把党的红色基因系统地郑重地写进党的全国代表大会政治报告。进入和平建设时期，我们党每领导人民进行一段建设和改革实践，每完成一项重大使命任务，都要对党的光荣传统、伟大精神、优良作风进行总结，写进党的重要文件中，作为指导全党行动的法规依据，有力地推动了红色基因的传承。如，中国共产党章程总纲规定的党的建设必须坚决实现的五项基本要求就是对党的红色基因传承最高层级的制度化表达，中共中央两个关于党内政治生活的准则是以党的法规形式对红色基因作出的系统性制度性规定，这些都是红色基因传承的制度化表达。2018 年，中央军委专门印发《传承红色基因实施纲要》，明确传承红色基因要着力锻造维护核心、听党指挥的绝对忠诚，坚定社会主义、共产主义的理想信念，强化勇于改革、敢于突破的创新意识，培育一不怕苦、二不怕死的战斗精神，严明高度自觉、令行禁止的革命纪律，巩固爱民为民、军民团结的特有优势。② 这是中央军委对人民军队红色基因的集中总结和制度化表达。

新时代红色基因传承制度化建设面临新机遇新要求。新中国成立 70

① 《毛泽东选集》第三卷，人民出版社 1991 年版，第 1093—1094 页。

② 《中央军委印发〈传承红色基因实施纲要〉》，《人民日报》2018 年 6 月 19 日。

多年来，我们党领导人民创造了世所罕见的经济快速发展奇迹和社会长期稳定奇迹，中华民族迎来了从站起来、富起来到强起来的伟大飞跃。特别是党的十八大以来，我们党领导人民统筹推进“五位一体”总体布局、协调推进“四个全面”战略布局，推动中国特色社会主义制度更加完善、国家治理体系和治理能力现代化水平明显提高，为政治稳定、经济发展、文化繁荣、民族团结、人民幸福、社会安宁、国家统一提供了有力保障。实践证明，中国特色社会主义制度和国家治理体系是以马克思主义为指导、植根中国大地、具有深厚中华文化根基、深得人民拥护的制度和治理体系，是具有强大生命力和巨大优越性的制度和治理体系，是能够持续推动拥有 14 亿多人口大国进步和发展、确保拥有五千多年文明史的中华民族实现“两个一百年”奋斗目标，进而实现伟大复兴的制度和治理体系。这种制度自信为红色基因传承制度化建设奠定了坚实的实践基础。同时，面对世界百年未有之大变局，我国正处于实现中华民族伟大复兴关键时期，我们党顺应时代潮流，提出了推进国家治理体系和治理能力现代化的要求，党的十九届四中全会通过《中共中央关于坚持和完善中国特色社会主义制度、推进国家治理体系和治理能力现代化若干重大问题的决定》，对坚持和完善支撑中国特色社会主义制度的根本制度、基本制度、重要制度作出战略部署。这为红色基因传承制度化建设提出了新的要求，明确了努力的方向。传承红色基因，就要适应新时代新形势新要求，大力加强红色基因传承的制度化建设，在把制度优势转化为国家治理优势的过程中彰显红色基因的时代魅力和价值。

（二）不忘初心、牢记使命的根本保证

党的十九大报告郑重提出不忘初心、牢记使命，并写进报告主题。报告指出：“不忘初心，方得始终。中国共产党人的初心和使命，就是为中

国人民谋幸福，为中华民族谋复兴。这个初心和使命是激励中国共产党人不断前进的根本动力。”① 党的二十大报告进一步强调“全党同志务必不忘初心、牢记使命”②。党的初心和使命是党的性质宗旨、理想信念、奋斗目标的集中体现，激励着我们党永远坚守，砥砺着我们党坚毅前行。正是由于始终坚守这个初心和使命，我们党才能在极端困境中发展壮大，才能在濒临绝境中突出重围，才能在困顿逆境中毅然奋起。忘记初心和使命，我们党就会改变性质、改变颜色，就会失去人民、失去未来。始终坚持党的全面领导，永葆党的先进性纯洁性，不断提高党的建设水平，必须把不忘初心、牢记使命作为加强党的建设的永恒课题和全体党员、干部的终身课题常抓不懈。而回答好不忘初心、牢记使命这个终身课题，既要加强理论武装、思想教育和实践锤炼，也要注重加强制度建设，用制度刚性约束和长效作用来保证初心永恒、使命在肩。为此，党的十九届四中全会明确提出建立不忘初心、牢记使命的制度。这是确保我们党在新时代新征程中始终充满蓬勃生机和旺盛活力、始终成为坚强领导核心的战略之举、长远之计。

党的十九届四中全会通过的《中共中央关于坚持和完善中国特色社会主义制度、推进国家治理体系和治理能力现代化若干重大问题的决定》从三个方面重点阐述了建立不忘初心、牢记使命的制度的主要内容。一是加强理论武装，夯实党执政的思想基础。政治上坚定来源于理论上的清醒。为中国人民谋幸福，为中华民族谋复兴，这个中国共产党人的初心使命，有赖于对人民的真挚感悟、对中华民族的赤胆忠心，更要靠科学理论的支撑、指引，用真理力量引导广大共产党人为这个初心使命不懈奋斗、奉献终身。加强理论武装，最重要的就是认真学习习近平新时代中国特色社会

① 《中国共产党第十九次全国代表大会文件汇编》，人民出版社 2017 年版，第 1 页。

② 《党的二十大报告辅导读本》，人民出版社 2022 年版，第 2 页。

主义思想，全面系统学、深入思考学、联系实际学，全面掌握这一思想提出的治国理政的理念、思路、举措和办法，深刻把握贯穿其中的马克思主义立场观点方法，深刻感悟这一思想所具有的独特魅力和强大威力，以有力的理论武装确保思想行动始终与初心相契合、与使命相符合、与时代相融合。二是坚持政治历练，锤炼党员、干部忠诚干净担当的政治品格。初心易得，始终难守。共产党人在入党的那天起，就对着党旗向党作出庄严的宣誓。这个誓言，需要共产党人用一辈子的坚守来实现，需要在经受各种困难、挑战、诱惑的考验中来升华。建立不忘初心、牢记使命的制度，就要把不忘初心、牢记使命作为加强党的建设的永恒课题和全体党员、干部的终身课题，形成长效机制，严格遵守党章，严格党内政治生活制度，用初心使命持续涵养大义、激发动力、经受考验、祛除杂念，坚持不懈锤炼忠诚干净担当的政治品格。三是勇于创新创造，践行党的初心使命。社会主义是干出来的，幸福是奋斗出来的。党的初心使命绝不是轻轻松松、敲锣打鼓就能实现的，必须准备付出更为艰巨、更为艰苦的努力。这就要全面贯彻党的基本理论、基本路线、基本方略，持续推进党的理论创新、实践创新、制度创新，使一切工作顺应时代潮流、符合发展规律、体现人民愿望，确保党始终走在时代前列、得到人民衷心拥护。

贯彻落实党的十九届四中全会关于建立不忘初心、牢记使命的制度，需要传承红色基因，加强红色基因的制度建设。党在领导人民实现初心使命的伟大斗争实践中，把体现党的性质宗旨、精神风貌和特有品质的作风、精神、传统，用制度的形式固化下来并不断丰富发展，形成了坚持党的领导、加强党的建设的有效制度，如理论武装制度、党内政治生活制度、教育实践制度等。这些红色基因传承制度，本质上是不忘初心、牢记使命的制度在党的建设上的具体体现，是坚持思想建党与制度治党相结合的重要内容。培植和传承红色基因，加强红色基因传承的制度建设，才能保证我们党的性质宗旨本色永远不变，才能做到初心如磐、使命在肩。因此，建立不忘初心、牢记使命的制度，就要运用好红色基因传承制度建设的成功经验做法，探索新时代红色基因传承制度建设的特点规律，加强红色基因传承的制度建设，充实完善不忘初心、牢记使命的制度体系。

（三）党的建设制度建设的重大任务

习近平总书记指出："制度优势是一个政党、一个国家的最大优势。"① 制度好可以使坏人无法任意横行，制度不好可以使好人无法充分做好事，甚至会走向反面。我们党在坚持思想建党、组织建党的同时，注重加强了党的制度建设，在管党治党的实践中形成了党的建设的制度体系。2003 年 2 月，党的十六届二中全会提出"从思想上、组织上、作风上和制度上全面推进党的建设新的伟大工程"，第一次正式把制度与思想、组织、作风建设相提并论。党的十八大以来，习近平总书记就加强党的制度建设作出一系列重要论述，明确提出制度治党、依规治党的要求。党的十八届三中全会对整体推进经济体制、政治体制、文化体制、社会体制、生态文明体制和党的建设制度改革作出全面部署。2014 年 8 月，中共中央政治局审议通过的《深化党的建设制度改革实施方案》，明确了深化党的建设制度改革的总体要求、基本目标、主要任务、重点举措。党的十九大报告要求："必须以党章为根本遵循，把党的政治建设摆在首位，思想建党和制度治党同向发力"②。在十九届中央纪委二次全会上，习近平总书记把"坚持思想建党和制度治党相统一"作为全面从严治党的六条经验之一提出来，强调要坚持思想建党和制度治党相统一，既要解决思想问题，也要解决制

① 习近平：《在"不忘初心、牢记使命"主题教育总结大会上的讲话》，《人民日报》2020 年 1 月 9 日。

② 《党的十九大报告辅导读本》，人民出版社 2017 年版，第 25 页。

度问题，把坚定理想信念作为根本任务，把制度建设贯穿到党的各项建设之中。党的十九届三中全会通过《中共中央关于深化党和国家机构改革的决定》和《深化党和国家机构改革方案》，作出了完善坚持党的全面领导的制度的重大部署。党的十九届四中全会通过的《中共中央关于坚持和完善中国特色社会主义制度、推进国家治理体系和治理能力现代化若干重大问题的决定》对坚持和完善党的领导制度体系，提高党科学执政、民主执政、依法执政水平作出战略部署，提出“贯彻新时代党的建设总要求，深化党的建设制度改革，坚持依规治党，建立健全以党的政治建设为统领，全面推进党的各方面建设的体制机制”①。中央先后审议通过《中国共产党党内法规制定条例》《中国共产党党内法规和规范性文件备案审查规定》《中国共产党党内法规执行责任制规定（试行）》《中央党内法规制定工作五年规划纲要（2013—2017年）》《中央党内法规制定工作第二个五年规划（2018—2022年）》《关于加强党内法规制度建设的意见》等加强党的制度建设的重要文件。在党中央坚强领导下，党的建设制度建设取得显著成效。党的十八大以来，以习近平同志为核心的党中央坚持党要管党、全面从严治党，坚持思想建党和制度治党相统一，扎牢制度笼子，强化制度执行，取得显著成效。党内法规制度体系的四梁八柱搭建起来，制度执行的力度刚性起来，推动制度优势不断转化为治理效能。

加强红色基因制度表达，既是党的制度建设的重要内容，也是制度建设顺利进行的重要保证。从党的制度建设的内容看，红色基因制度表达是党的制度建设的重要内容。党内制度是一个涵盖党的领导和党的建设的制度体系，加强红色基因传承的制度建设是其中应有之义。党的十九届四中全会围绕坚持和完善党的领导制度体系，从建立不忘初心、牢记使命的制

① 《中共中央关于坚持和完善中国特色社会主义制度　推进国家治理体系和治理能力现代化若干重大问题的决定》，人民出版社2019年版，第9页。

度，完善坚定维护党中央权威和集中统一领导的各项制度，健全党的全面领导制度，健全为人民执政、靠人民执政各项制度，健全提高党的执政能力和领导水平制度，完善全面从严治党制度等六个方面对党的领导制度和党的建设制度进行了系统阐述。2014年8月中共中央政治局审议通过的《深化党的建设制度改革实施方案》从深化党的组织制度改革、深化干部人事制度改革、深化党的基层组织建设制度改革和深化人才发展体制机制改革四个方面对改革任务作出部署。这些党的领导和党的建设制度，都坚持了党的性质宗旨和奋斗目标，都体现了党的路线方针政策，都凝结着党领导人民进行伟大斗争的成功经验，都揭示着党的领导和党的建设的真理和规律，因此，都是党的红色基因制度表达的具体体现。

从党的制度建设的要求看，坚持和完善党的领导制度，深化党的建设制度改革，必须坚持党的制度建设的正确政治方向，坚持党的集中统一领导的制度优势。党的十九届四中全会《中共中央关于坚持和完善中国特色社会主义制度、推进国家治理体系和治理能力现代化若干重大问题的决定》指出："中国共产党领导是中国特色社会主义最本质的特征，是中国特色社会主义制度的最大优势，党是最高政治领导力量。必须坚持党政军民学、东西南北中，党是领导一切的，坚决维护党中央权威，健全总揽全局、协调各方的党的领导制度体系，把党的领导落实到国家治理各领域各方面各环节。"①2014年8月中共中央政治局审议通过的《深化党的建设制度改革实施方案》提出的深化党的建设制度改革的总体要求是：高举中国特色社会主义伟大旗帜，以邓小平理论、"三个代表"重要思想、科学发展观为指导，深入贯彻党的十八大和十八届三中全会精神，深入贯彻习近平总书记系列重要讲话精神，坚持解放思想、改革创

---

① 《中共中央关于坚持和完善中国特色社会主义制度　推进国家治理体系和治理能力现代化若干重大问题的决定》，人民出版社2019年版，第6页。

新，坚持党要管党、从严治党，紧紧围绕完善和发展中国特色社会主义制度、推进国家治理体系和治理能力现代化，紧紧围绕提高党科学执政、民主执政、依法执政水平，注重与全面推进依法治国紧密结合，注重与宪法法律相衔接，加强党的领导，加强民主集中制建设，完善党的领导体制和执政方式，保持党的先进性和纯洁性，不断增强党的创造力凝聚力战斗力，确保党始终成为中国特色社会主义事业坚强领导核心，为实现“两个一百年”奋斗目标和中华民族伟大复兴的中国梦提供坚强保证。①这些要求，是加强党的建设制度建设需要把握的根本原则要求，为坚持和完善党的领导制度、深化党的建设制度改革指明了正确政治方向。党的红色基因集体体现着这些要求的本质和核心内容，规制着党的建设制度建设的正确政治方向。贯彻落实这些要求，就需要在党的建设制度建设中充分考虑把党的红色基因写进去，发挥红色基因的内在作用机理，以红色基因的制度化表达确保党的制度建设的正确政治方向，确保党的集中统一领导的政治优势。

二、红色基因制度表达的基本内容

党的红色基因全面融合于中国特色社会主义制度体系中，规定着中国特色社会主义制度的性质。无论是党的领导和党的建设制度，还是中国特色社会主义整个制度体系，无论是根本制度、基本制度、重要制度，还是一系列具体制度和法规性文件，都体现党的红色基因，都是红色基因的制度表达。

---

① 《中组部负责人详解〈深化党的建设制度改革实施方案〉 全面深化改革取得成功的重要保证》，《人民日报》2014 年 9 月 2 日。

（一）红色基因在党的领导和党的建设制度中的表达

党的红色基因，是中国共产党人把初心和使命镌刻在心，高举党的旗帜，为了人民幸福和民族复兴，前赴后继、浴血奋战，历经革命洗礼和艰苦磨炼而孕育生成的内在特质。它决定着党的性质宗旨，规定着党的领导和党的建设的原则制度。加强红色基因制度建设，根本的是坚持和完善党的领导和党的建设制度。根据党的十九届四中全会《中共中央关于坚持和完善中国特色社会主义制度、推进国家治理体系和治理能力现代化若干重大问题的决定》，重点加强以下六个方面的制度建设。

不忘初心、牢记使命的制度。不忘初心、牢记使命是加强党的建设的永恒课题和全体党员、干部的终身课题。要建立完善理论武装制度，坚持和完善党委理论学习中心组制度、干部培训制度、党员干部集中轮训制度、理论宣传研究制度、个人自学制度、党员日常教育制度、实践性教学制度、理论学习考评制度，坚持传统理论学习手段和现代化手段相结合，建设和运用好学习强国等网络学习平台。通过理论学习深扎初心使命的根子，坚持用共产主义远大理想和中国特色社会主义共同理想凝聚全党、团结人民，用习近平新时代中国特色社会主义思想武装全党、教育人民、指导工作，夯实党执政的思想基础。建立健全政治训练制度，形成长效机制，认真学习党章，严格遵守党章，认真执行关于新形势下党内政治生活的若干准则，坚持和完善“三会一课”制度、民主生活会制度、组织生活会制度、领导干部双重组织生活会制度、党员党性分析制度、党员民主评议制度，健全激励干部新时代新担当新作为的机制，推动党员、干部恪守党的性质和宗旨，锤炼忠诚干净担当的政治品格。建立健全实践锤炼制度，引导广大党员干部在中国特色社会主义伟大实践中，全面贯彻党的基本理论、基本路线、基本方略，持续推进党的理论创新、实践创新、制度创新，使一切工作顺应时代潮流、符合发展规律、体现人民愿望，确保党始终走在时代前列、得到人民衷心拥护。

坚定维护党中央权威和集中统一领导的各项制度。以党章为根本依据，不断完善保障“两个维护”的制度机制，严格执行《中共中央政治局关于加强和维护党中央集中统一领导的若干规定》等党内法规，加强对贯彻执行党的路线方针政策和决议情况的督促检查，完善党中央重大决策部署和习近平总书记重要指示批示贯彻落实的督查问责机制，推动全党增强“四个意识”、坚定“四个自信”、做到“两个维护”，自觉在思想上政治上行动上同以习近平同志为核心的党中央保持高度一致，坚决把维护习近平总书记党中央的核心、全党的核心地位落到实处。健全党中央对重大工作的领导体制，强化党中央决策议事协调机构职能作用，完善推动党中央重大决策落实机制，严格执行向党中央请示报告制度，确保令行禁止。健全维护党的集中统一的组织制度，形成党的中央组织、地方组织、基层组织上下贯通、执行有力的严密体系，实现党的组织和党的工作全覆盖。

党的全面领导制度。坚持党总揽全局、协调各方，建立健全坚持和加强党的全面领导的制度体系。完善党领导人大、政府、政协、监察机关、审判机关、检察机关、武装力量、人民团体、企事业单位、基层群众自治组织、社会组织等制度，健全各级党委（党组）工作制度，确保党在各种组织中发挥领导作用。研究制定党领导经济社会各方面重要工作的党内法规。完善地方党委、党组、党的工作机关实施党的领导的体制机制。建立健全国有企业党委（党组）和农村、事业单位、街道社区等的基层党组织发挥领导作用的制度规定。完善党和国家机构职能体系，把党的领导贯彻到党和国家所有机构履行职责全过程，推动各方面协调行动、增强合力。贯彻落实宪法规定，制定和修改有关法律法规要明确规定党领导相关工作的法律地位。

为人民执政、靠人民执政各项制度。坚持立党为公、执政为民，一切从人民群众的根本利益出发，站稳人民立场，立起人民标准，保持党同人民群众的血肉联系，把尊重民意、汇集民智、凝聚民力、改善民生贯穿党治国理政全部工作之中，巩固党执政的阶级基础，厚植党执政的群众基础，通过完善制度保证人民在国家治理中的主体地位。贯彻党的群众路线，完善党员、干部联系群众制度，创新互联网时代群众工作机制，畅通群众意见表达渠道，始终做到为了群众、相信群众、依靠群众、引领群众。健全联系广泛、服务群众的群团工作体系，推动人民团体增强政治性、先进性、群众性，把各自联系的群众紧紧团结在党的周围，把党的声音传达到所有群众。

提高党的执政能力和领导水平制度。着眼于党把方向、谋大局、定政策、促改革，强化战略思维、创新思维、辩证思维、法治思维、底线思维，正确制定和坚决执行党的路线方针政策，不断增强党的政治领导力、思想引领力、群众组织力、社会号召力。坚持民主集中制，完善发展党内民主和实行正确集中的相关制度。健全决策机制，加强重大决策的调查研究、科学论证、风险评估，强化决策执行、评估、监督。改进党的领导方式和执政方式，增强各级党组织政治功能和组织力。完善担当作为的激励机制，促进各级领导干部增强学习本领、政治领导本领、改革创新本领、科学发展本领、依法执政本领、群众工作本领、狠抓落实本领、驾驭风险本领，发扬斗争精神，增强斗争本领。

全面从严治党制度。坚持党要管党、全面从严治党，不断推进党的自我革命，永葆党的先进性和纯洁性。贯彻新时代党的建设总要求，深化党的建设制度改革，坚持依规治党，建立健全以党的政治建设为统领，全面推进党的各方面建设的体制机制。坚持新时代党的组织路线，突出政治标准选人用人，健全党管干部、选贤任能制度。规范党内政治生活，严格执行《关于新形势下党内政治生活的若干准则》，严明政治纪律和政治规矩，发展积极健康的党内政治文化，全面净化党内政治生态。完善和落实全面从严治党责任制度。坚决同一切影响党的先进性、弱化党的纯洁性的问题作斗争，大力纠治形式主义、官僚主义，不断增强党的创造力、凝聚力、战斗力，确保党始终成为中国特色社会主义事业的坚强领导核心。

（二）红色基因在中国特色社会主义制度体系中的表达

党的十九届四中全会《中共中央关于坚持和完善中国特色社会主义制度、推进国家治理体系和治理能力现代化若干重大问题的决定》开宗明义：中国特色社会主义制度是党和人民在长期实践探索中形成的科学制度体系，我国国家治理一切工作和活动都依照中国特色社会主义制度展开，我国国家治理体系和治理能力是中国特色社会主义制度及其执行能力的集中体现。这个制度体系，既不同于资本主义国家的制度，也和其他社会主义国家的制度有区别，是体现中国特色、体现党的领导、体现红色基调的制度体系。因此，党的红色基因必然要在中国特色社会主义制度这个科学制度体系各方面中表达出来。

《决定》提出坚持和完善中国特色社会主义制度、推进国家治理体系和治理能力现代化"四个坚持"的指导思想（必须坚持以马克思列宁主义、毛泽东思想、邓小平理论、"三个代表"重要思想、科学发展观、习近平新时代中国特色社会主义思想为指导，增强"四个意识"、坚定"四个自信"、做到"两个维护"，坚持党的领导、人民当家作主、依法治国有机统一，坚持解放思想、实事求是，坚持改革创新），从传承红色基因的角度看，就是要在制度建设中体现红色基因，实现红色基因的制度化表达，从而确保制度建设的正确指导、正确方向和正确路径，永葆我国国家制度和国家治理体系的生机活力，满足人民对美好生活新期待。《决定》强调：突出坚持和完善支撑中国特色社会主义制度的根本制度、基本制度、重要制度，着力固根基、扬优势、补短板、强弱项，构建系统完备、科学规范、运行有效的制度体系。这既是对中国特色社会主义制度建设的总体要求，实际上也是在中国特色社会主义制度建设中对红色基因制度表达的要求。所谓固根基、扬优势，其中就蕴含着巩固红色基因的根基，发扬红色基因优势，而所谓补短板、强弱项，也蕴含着弥补和强化红色基因制度建设上存在的短板和弱项，如，有些体现党的政治优势的做法还亟须上升到制度层面，转化为制度优势，有的制度建设体现党的领导还不够等。加强红色基层制度表达，就要贯彻落实中国特色社会主义制度建设的总体要求，把红色基因在支撑中国特色社会主义制度的根本制度、基本制度、重要制度上表达出来。

根本制度。所谓根本制度，就是在中国特色社会主义制度中起顶层决定性、全域覆盖性、全局指导性作用的制度。根本制度是覆盖我们党“五位一体”总体布局、“四个全面”战略布局，覆盖改革发展稳定、内政外交国防、治党治国治军等一切方面、所有领域的。其中，党的集中统一领导制度和全面领导制度是我们党和国家的根本领导制度；人民代表大会制度是我国的根本政治制度；马克思主义在意识形态领域指导地位的制度是我国的根本文化制度；共建共治共享是我国的根本社会治理制度。根本制度从根本上规制着党的性质宗旨和奋斗目标、规制着社会主义国家的国体、政体，体现着党和国家的核心价值追求，是党的红色基因最集中、最根本的制度表达，具有根本性、根基性、源头性、稳定性。培植和传承红色基因，就要始终坚持并不断完善中国特色社会主义根本制度，把红色基因深扎在中国特色社会主义制度体系的根子里。

基本制度。所谓基本制度，就是通过贯彻和体现国家政治生活、经济生活的基本原则，对国家经济社会发展等发挥重大影响的制度。比如，政治领域中的中国共产党领导的多党合作和政治协商制度、民族区域自治制度、基层群众自治制度这三大基本政治制度；经济领域中的公有制为主体、多种所有制共同发展，按劳分配为主体、多种分配方式并存，社会主义市场经济体制三大基本经济制度；法律领域的中国特色社会主义法律体系这一基本法律制度。基本制度也是覆盖和体现在各领域各方面中，但它是从我国的国体和政体出发，对根本制度的具体化。根本制度具有长期稳定性，但基本制度会随着实践发展而发展丰富。在其发展丰富中，需要坚持正确的政治方向，坚持党和国家的根本制度，把党的红色基因作为发展丰富的内容、原则，同时又不断地发展和丰富党的红色基因，使之充满生命力。

重要制度。所谓重要制度，就是由根本制度和基本制度派生而来的、国家治理各领域各方面各环节的具体的主体性制度。它包括我国经济体制、政治体制、文化体制、社会体制、生态文明体制、法治体系、党的建设制度，以及军事、外交等领域的体制。党的十九届四中全会《决定》明确了今后我国坚持和完善中国特色社会主义制度、推进国家治理体系和治理能力现代化的 13 个坚持和完善，涉及 55 个具体制度。这 13 个方面制度和 55 个具体制度除了根本制度和基本制度外，其余的都是重要制度。这些重要制度上承根本制度、基本制度，下连社会生产生活方方面面，最生动多彩、最富于创新和完善空间。中国特色社会主义落地生根要靠重要制度来保证，中国特色社会主义制度优势要靠重要制度来具体体现，中国特色社会主义制度生机活力要靠重要制度来滋养。党的红色基因的培植、传承、弘扬，也需要重要制度来保证和实现。每个历史时期形成的优良作风、伟大精神，都会在第一时间进入党的重要制度里，并通过重要制度发扬光大。而重要制度的创新和发展，也需要用党的红色基因来引导和培育。忽视和背离了红色基因，包括根本制度、基本制度、重要制度在内的制度建设就有误入歧途的危险。①

---

① 关于根本制度、基本制度、重要制度的分类，引自施芝鸿：《坚持和完善中国特色社会主义制度、推进国家治理体系和治理能力现代化必须坚持的总体要求和总体目标》，《〈中共中央关于坚持和完善中国特色社会主义制度、推进国家治理体系和治理能力现代化若干重大问题的决定〉辅导读本》。

（三）红色基因培植和传承制度表达

红色基因的制度表达主要是以党和国家制度的形式体现红色基因，在坚持和完善中国特色社会主义制度、推进国家治理体系和治理能力现代化中传承红色基因，同时，红色基因培植和传承本身也有一个制度建设的问题。从实践经验看，这些制度主要有以下几项内容。

“四史”教育制度。习近平总书记强调指出，“历史是最好的教科书。对我们共产党人来说，中国革命历史是最好的营养剂”①。“中华民族从站起来、富起来到强起来，经历了多少坎坷，创造了多少奇迹，要让后代牢记，我们要不忘初心，永远不可迷失了方向和道路。”②“党员、干部要多学党史、新中国史，自觉接受红色传统教育，常学常新，不断感悟，巩固和升华理想信念。”③“希望广大党员、干部认真学习党史、新中国史，深刻认识红色政权来之不易、新中国来之不易、中国特色社会主义来之不易，牢记党的初心和使命，牢记党的性质和宗旨，坚定理想信念，坚定不移贯彻党的理论和路线方针政策，不断跨越前进道路上新的‘娄山关’、‘腊子口’，在实现中华民族伟大复兴的历史进程中走好新时代的长征路。”④党史、新中国史、改革开放史、社会主义发展史内容各有侧重，但整体上讲的是中国共产党为人民谋幸福、为民族谋复兴、为世界谋大同的实践史，凝结着中国共产党在长期奋斗中形成的宝贵经验和伟大精神，是党的红色基因的源泉所在。开展“四史”教育，从生动的历史实践中回

---

① 习近平：《论中国共产党历史》，中央文献出版社 2021 年版，第 24 页。

② 《习近平李克强王沪宁赵乐际韩正分别参加全国人大会议一些代表团审议》，《人民日报》2018 年 3 月 9 日。

③ 《习近平在河南考察时强调 坚定信心埋头苦干奋勇争先 谱写新时代中原更加出彩的绚丽篇章》，《人民日报》2019 年 9 月 19 日。

④ 《习近平对“记者再走长征路”主题采访活动作出重要指示强调 牢记党的初心和使命 牢记党的性质和宗旨 走好新时代的长征路》，《人民日报》2019 年 8 月 19 日。

答红色基因是什么、中国共产党的领导为什么成功，能够有力地强化党员干部对红色基因的实践认同和感情认同，增强传承红色基因的思想和行动自觉。健全完善红色基因培植和传承制度，首要的就是把“四史”教育制度建立健全起来，引导党员干部学史明理、学史增信、学史崇德、学史力行。坚持把“四史”教育作为党员干部的第一堂党课、第一堂政治必修课、第一堂干部培训课，深化对红色基因的认识认同。进一步搞好顶层设计，对“四史”教育作出统筹安排，提出具体要求，从教育内容、教育手段、教育保障、组织领导等方面作出具体部署，提出明确要求，强化政策引导和驱动。认真落实关于“四史”教育的规定，根据领导干部、普通党员、人民群众、在校学生、军队官兵的不同需求确定学习教育重点和方法手段。加强“四史”教育人才队伍建设，培养讲党性、有情怀、学问好、能力强的政治教员。

理论武装制度。党的科学理论是生成红色基因的理论源泉。党的红色基因，是伴随马克思主义在中国的生根开花而不断形成的，说到底是马克思主义中国化的产物，是马克思主义政党先进性的反映。其中蕴含着的鲜明政治立场、坚定信仰信念、先进制胜之道、崇高革命精神、优良作风纪律，如果不从马克思主义理论层面理解阐释，就无法真正掌握其中的核心要义和深刻内涵。要把理论武装作为红色基因传承的奠基工程，建设好理论武装制度。学习内容上，要在深入学习马克思主义经典著作的基础上，重点学习习近平新时代中国特色社会主义思想，掌握蕴含其中的世界观、方法论。学习制度上，坚持和完善党委中心组学习制度、干部培训制度、理论轮训制度、学习考评激励制度等。学习方法手段上，坚持学思用贯通、知信行统一，在理论讲授、专题辅导、个人自学等做法基础上，多采取小班研讨、难点答疑、社会调研等互动学习、实践学习方法，建设和运用好学习强国等网络学习平台，提高学习效率。通过富有成效的理论学习，引导官兵学习把握共产党执政规律、社会主义建设规律和人类社会发展规律，坚定信仰信念，坚定“四个自信”。

研究宣传制度。红色基因的魅力在于源远流长、历久弥新，这就要加强研究宣传阐释，紧随时代和实践发展，深入挖掘红色基因的科学内涵、精神实质、时代价值，不断彰显红色基因的时代生命力。对传承红色基因进行深入研究，从实现中华民族伟大复兴的战略高度认识重大意义，从贯彻习近平新时代中国特色社会主义思想的理论高度明确研究的指导思想，运用马克思主义世界观方法论明确传承的原则思路措施，从新时代形势任务发展变化把握红色基因传承的着力点，紧盯时代发展和科技潮流改进红色基因传承的方法手段，结合强化全面从严治党责任完善红色基因传承的工作机制。当前，一个重要的理论研究课题是运用马克思主义原理构建起红色基因的谱系，从体现党的性质宗旨和政治本色的“本源基因”、彰显我们党特有精神面貌的“特色基因”、承载马克思主义哲学思想的“思维基因”等方面，描绘出基因谱系，弄清楚忠诚于党、坚定崇高的理想信念、理论联系实际、全心全意为人民服务、艰苦奋斗、严明的纪律、革命精神等党的红色基因的内生逻辑。同时，加强对红色基因的宣传，使党员干部深刻认识到习近平新时代中国特色社会主义思想是一脉相承而又与时俱进的党的创新理论，从不同历史时期伟大斗争实践中吸取历史经验，洞察未来强国复兴之道。信息化时代，宣传好红色基因，弘扬主旋律正能量，还需要改进宣传工作方式方法，以主流媒体为依托，以扩大影响力为牵引，以打造品牌精品为抓手，综合运用大数据、智能化、互联网等手段，搭建红色基因研究宣传的“航母舰群”，引导党员干部深刻认清珍视红色基因就是珍视红色政权的未来、传承红色基因就是传承我们党的政治优势、弘扬红色基因就是塑造共产党人的灵魂。

重要活动纪念制度。党、国家、民族的重要活动，是红色基因的重要载体、集中体现和生发源泉，灵魂在这里洗礼，红色基因在这里升华。正是党史上的一个个重要历史事件，像闪亮的珍珠串起伟大的历史，像闪亮的星星照亮历史的天空，像高耸的精神坐标标定着从历史、现实向未来的发展方向。举办党史重要纪念活动，对于铭记历史、缅怀先烈、把握现在、开创未来具有特殊的教化感染作用。充分利用建党、建国、建军等重大节庆日，烈士纪念日、国家公祭日，长征胜利、抗日战争胜利纪念日，已故党和国家领导人诞辰纪念日等时机，精心组织主题纪念活动，组织祭扫烈士陵园、瞻仰历史遗迹、向党旗宣誓、讲党史故事、唱红歌、主题演讲等形式多样的纪念活动，追忆光荣历史，宣扬英烈事迹，激发奋进力量。各地区各领域各行业都有非常辉煌的历史，取得过珍贵荣誉，这些历史对传承红色基因非常有效，要组织好本地区本领域本行业的纪念活动，传承弘扬各具特色的光荣传统和优良作风。纪念活动是庄严神圣的，要认真组织，严肃活动要求，根据纪念活动的内容，区分性质、分类引导，使纪念活动规范有序，增加庄重感、神圣感。制定开展纪念活动的指导性规范性文件，从法律政策上加强引导。对于那些以所谓的“重新评价”为名，宣传历史虚无主义，歪曲党、国家和人民军队历史的现象，要运用法律武器、理论武器、纪律武器进行坚决斗争。

红色文化建设制度。红色文化是共产党人的精神家园，具有以文化人的独特功能。党领导人民群众在长期斗争实践中，形成了以坚持党的领导、实事求是、群众路线、艰苦奋斗、改革创新等为主要内容的红色文化，是我们党的宝贵精神财富。随着时代变迁、党员成分变化，一代代青年人进入党的队伍中，红色文化建设面临着一些现实困难和挑战。健全红色文化建设制度，就要针对时代特点和面临的挑战，在文化建设内容、方法、手段上推陈出新，为红色基因传承营造浓厚文化氛围。高昂爱国主义和革命英雄主义旗帜，持续做好红色文化经典传承工作，加大对不同历史时期精典文化作品再上舞台的扶持力度，复拍新拍一批红色经典作品，运用现代手段形式升华红色经典作品，不断培塑党员干部的中国心、民族魂、强国志。搞好红色文化创制，围绕民族复兴，突出重大历史题材，推出一批红色底蕴深厚、时代气息鲜明、深受观众喜爱、教育作用明显的红色文化产品和红色文化品牌，让广大党员干部在红色艺术殿堂中感悟传统真谛、升华思想境界。建好红色文化网络阵地，创新红色文化传播方式，充分利用大数据技术、新媒体平台，搭建线上线下传播渠道，构建全时空、多维度、立体化传播体系，把沉淀在历史中、书柜中、故事中的红色记忆推送给党员干部，使红色资源融入党员干部的生活，营造时时是课堂、处处受熏染的浓厚文化氛围。广泛开展“读红色经典、讲红色故事、看红色电视、唱红色歌曲”活动，建设浓郁的社区红色文化基调。丰富仪式文化，组织好升国旗、入党宣誓、祭扫烈士等仪式，构建国家荣誉体系，使传承红色基因蔚然成风。建强文化骨干队伍，通过办班培训、评比竞赛、群众性参与等途径，多措并举提高业务水平，为推进强国文化建设提供人才支撑。

红色设施利用制度。党在领导人民长期革命斗争实践中，留下了诸多重要会址、革命旧址、战场遗址、人物故居等遗址遗迹，在缅怀历史过程中又建设了相当数量的纪念馆、纪念碑、陵园等设施，这些设施和场所集神圣庄严、精神丰富、政治鲜明、人性生动于一体，特别容易激发人们对纪念对象的尊敬和缅怀，增加党员干部的思想和情感认同，是传承红色基因的有效手段。把遍布于全国各地的纪念馆、纪念地等红色基因的“孕育地”“储存库”有效利用起来，组织党员干部到这些地方拜谒、瞻仰、学习，使心灵得以滋养、灵魂得以净化、境界得以提升。抢救整理老红军、老八路、老英雄和尚未被利用保护好的宝贵资源，通过口述历史、革命文物征集、确立文物保护单位等形式，抢救保护好这些红色资源，深入挖掘精神价值，使这些财富能够跨越时空长久保存。对红色设施保管不力就是愧对先辈，开发不力则愧对后人。加强对红色设施的保护和建设，规范红色设施建设利用，谨防一些红色设施在开发中“娱乐味”冲淡了“红味”、“经济账”压过了“政治账”，使开发的结果偏离初心初衷，真正把红色设施打造成向英雄致敬的地方、向传统宣誓的地方、向历史追溯的地方，切实增强红色设施的历史感、神圣感、净化感。

强国实践砥砺制度。习近平总书记强调："每一代人有每一代人的长征路，每一代人都要走好自己的长征路。"① 每一代共产党人都在用使命、奋斗和担当书写属于自己时代的精神华章中为党的红色基因添砖加瓦。我们感悟和传承红色基因，就要投身到强国实践中，在走好"新时代长征路"中培育升华红色基因。自觉加强党性锻炼，严格党内政治生活，严守政治纪律和政治规矩，加强纪律和作风建设，增强"四个意识"、坚定"四个自信"、做到"两个维护"。培育社会主义核心价值观，实施公民道德建设工程，推进新时代文明实践中心建设。积极投身经济社会发展，大力弘扬勇于改革、敢于突破的精神，统筹推进"五位一体"总体布局、协调推进"四个全面"战略布局，坚持新发展理念，坚定不移推进改革开放，沉着有力应对各种风险挑战，为建设发展积蓄"新动能"、提升"加速度"、清除"拦路虎"，在战胜各种困难险阻、有效履行使命任务中，不断丰富红色基因精神宝库。

三、红色基因制度表达的原则要求

制度优势是一个国家的最大优势，红色基因是我们党和国家的政治优势。培植和传承红色基因，把政治优势融入制度优势，用制度优势巩固政治优势，推动形成中国特色社会主义全面优势，推动中国特色社会主义胜利前进。

---

① 习近平：《论中国共产党历史》，中央文献出版社 2021 年版，第 147 页。

（一）方向上坚持守正创新

红色基因具有典型的意识形态属性，集中体现党的性质宗旨、奋斗目标，红色基因制度表达要深刻认识本质属性，牢牢把握正确方向，坚持红色基因的党性、阶级性。同时，红色基因要永葆生机活力，代代传承，需要把握时代脉搏，赋予时代特色，与时俱进、创新发展。这就要在红色基因的制度表达上坚持守正创新，在“坚持和巩固什么、完善和发展什么”这个重大政治问题上非常地清醒、非常地自觉。

守正是根基，是立场，是方向。做到了守正，制度创新才有正确方向，才能做到变革不变色、改革不改向。党的十九届四中全会通过的《中共中央关于坚持和完善中国特色社会主义制度、推进国家治理体系和治理能力现代化若干重大问题的决定》，系统总结我国国家制度和国家治理体系十三个方面的显著优势，是我们坚定中国特色社会主义道路自信、理论自信、制度自信、文化自信的基本依据，也是红色基因的基本方面。红色基因制度表达做到守正，就要守住党和国家制度的这些显著优势。这些方面集中体现了党的初心、党的领导和党的理论。一是牢记初心使命。初心使命是党的政治优势，是激励我们党不断前进的根本动力。守住初心，这个党才能始终保持奋斗的动力。中国共产党秉持为人民谋幸福、为民族谋复兴、为世界谋大同的价值追求，始终和人民紧紧地站在一起，为了人民的利益而不懈奋斗，随时准备为党和人民牺牲一切，无论是弱小还是强大，无论是顺境还是逆境，都初心不改、矢志不渝。中国共产党团结带领中国人民克服无数困难和挑战，应对无数危机，取得各个领域一个又一个的胜利，根本的原因就是我们党始终牢记初心使命，和人民群众心连心、同甘苦、共奋斗。在党和国家的制度建设中，要始终坚持党的人民性、阶级性，坚持以人民为中心的思想，坚持人民主体地位，坚持立党为公、执政为民，践行全心全意为人民服务的根本宗旨，把党的群众路线贯彻到治国理政全部活动之中，一切制度、政策、工作都聚焦于让人民群众过上幸福美好生活，根据人民的呼唤确定我们的工作重点和中心，自觉同人民想在一起、干在一起，解决好群众的操心事、烦心事，把人民满意作为衡量工作的根本尺子。二是坚持党的领导。党的领导是中国特色社会主义最本质的特征，是中国特色社会主义制度的最大优势，党是最高政治领导力量。中国有了中国共产党执政，是中国、中国人民、中华民族的一大幸事。回顾中国近代史、中国现代史、中国革命史，不难发现，如果没有中国共产党领导，我们的国家、我们的民族不可能取得今天这样的成就，也不可能具有今天这样的国际地位。苏联人民在苏共领导下战胜强大敌人取得了十月革命、卫国战胜和社会主义建设的伟大成就，苏联后期放弃了党的领导，很快就哗啦啦垮掉了。教训极其深刻。唐朝诗人杨万里有诗："莫言下岭便无难，赚得行人错喜欢。正入万山圈子里，一山放出一山拦。"实现"两个一百年"奋斗目标，我们不知还要爬多少坡、过多少坎、经历多少风风雨雨、克服多少艰难险阻。应对和战胜前进道路上的各种风险和挑战，关键在党，关键在加强党的领导和党的建设。在推进国家治理体系和治理能力现代化的伟大进程，必须坚持和巩固好坚持党的集中统一领导的优势，坚持和完善党的领导制度体系，建立不忘初心、牢记使命的制度，完善坚定维护党中央权威和集中统一领导的各项制度，健全党的全面领导制度，健全为人民执政、靠人民执政各项制度，健全提高党的执政能力和领导水平制度，完善全面从严治党制度，使党的领导红色基因更加显著、更加有力。三是坚持科学理论指导。党的指导思想是一个政党的精神旗帜。马克思主义是我们立党立国的根本指导思想，是我们的理论优势。习近平总书记指出："95 年来，中国共产党之所以能够完成近代以来各种政治力量不可能完成的艰巨任务，就在于始终把马克思主义这一科学理论作为自己的行动指南，并坚持在实践中不断丰富和发展马克思主义。这使我们党得以摆脱以往一切政治力量追求自身特殊利益的局限，以唯物辩证的科学精神、无私无畏的博大胸怀领导和推动中国革命、建设、改革，不断坚持真理、修正错误。无论是处于顺境还是逆境，我们党从未动摇对马克思主义的信仰。”① 推进红色基因制度表达就要坚持马克思主义在意识形态领域指导地位的根本制度。全面贯彻落实习近平新时代中国特色社会主义思想，健全用党的创新理论武装全党、教育人民工作体系。深入实施马克思主义理论研究和建设工程，把坚持以马克思主义为指导全面落实到思想理论建设、哲学社会科学研究、教育教学各方面。坚持以我们正在做的事情为中心，聆听时代声音，更加深入地推动马克思主义同当代中国发展的具体实际相结合，不断开辟21世纪马克思主义发展新境界。

创新是源泉，是活力，是动力。做到了创新，守正才始终保持先进性，保持生机活力，防止固化落后。加强红色基因制度创新，就能为红色基因宝库源源不断地注入新的内容。一是加强红色基因的制度原创。制度原创在制度创新中具有探索性、开创性意义。中国共产党的发展壮大史，中国特色社会主义建设史，就是一部党的红色基因制度创新的历史。在长期革命、建设、改革中形成的党的领导制度、党对人民军队的绝对领导制度、思想建党制度、民主集中制，以及中国特色社会主义政治制度、经济制度、文化制度、社会制度、生态文明制度等，都是红色基因制度原创的成果。同时，还应认识到，尽管党的十八大以来我们党提出了制度治党的思路要求，提出了全面依法治国的方略，提出了治理体系和治理能力现代化的努力方向，在制度法治建设上迈出了历史性步伐，但受历史的局限性，党在将经验及时上升为制度、自觉运用制度治党上还有很长的路要走。在红色基因教育与制度结合上存在着畸轻畸重、结合不好的问题，在红色基因固化为制度成果上存在着不重视转化、转化不及时、简单转化、

① 习近平：《在庆祝中国共产党成立95周年大会上的讲话》，《人民日报》2016年7月2日。

随意转化等问题。加强红色基因制度创新，需要把党的红色基因进行认真梳理、分类，逐项检查制度转化情况，加强制度原创力度，及时将红色基因转化为制度。二是推动红色基因制度与时俱进。习近平总书记指出："我们全面深化改革，不是因为中国特色社会主义制度不好，而是要使它更好；我们说坚定制度自信，不是要固步自封，而是要不断革除体制机制弊端，让我们的制度成熟而持久。"①任何制度都不是一成不变的，都要随着条件的变化而调整，都有一个从不太完善到逐步完善、从单独制度到制度体系的发展过程。党的十九届四中全会着力固根基、扬优势、补短板、强弱项，坚持根本制度、基本制度、重要制度相衔接，统筹顶层设计和分层对接，部署了需要深化的重大体制机制改革、需要推进的重点工作任务，构建系统完备、科学规范、运行有效的制度体系，就是推进红色基因制度与时俱进、创新发展的实际行动。加强红色基因制度建设，就要关注制度条件的变化，与时俱进地推进红色基因制度的健全完善，在与时俱进中保持制度活力，彰显红色基因魅力。三是注重实践成果向制度转化。实践是制度之源。实践每前进一步，制度就发展一步。红色基因的制度随着党的领导实践的丰富而不断丰富的。中国共产党成立之初，组织简单，制度简单，因为没有多少实践，仅有的一些制度也是借鉴来的，并不完全符合党的实际。随着实践的丰富，一些成功的做法不断被提炼升华为规律性认识，写进党的制度。当今世界正经历百年未有之大变局，我们党面对的改革发展稳定任务之繁重前所未有，面临的风险挑战之严峻前所未有。我国进入新发展阶段，贯彻新发展理念，构建新发展格局，需要解决的问题越来越多样、越来越复杂。这为丰富党的红色基因库，推进红色基因制度建设提供了宏大的历史舞台。我们正在进行许多具有新的历史特点的伟大斗争，正在推进新时代党的建设新的伟大工程，正在进行中国特色社会主

① 《习近平关于全面深化改革论述摘编》，中央文献出版社 2014 年版，第 22 页。

义伟大事业，正在实现中华民族伟大复兴的伟大梦想。丰富的实践为红色基因制度化表达提供了丰富的材料。加强党的红色基因制度建设，就要及时地将伟大实践成果转化为制度成果，进入党的红色基因的制度库，不断推进国家治理体系和治理能力现代化。

（二）内容上强调全面覆盖

红色基因传承具有衰减、增益的特点。所谓衰减，是指红色基因在传承时随着时代的发展、条件的变化将会有一部分内容丢失、走样，从而使红色基因不断减弱，优良传统和作风不断消失。所谓增益，是指红色基因在传承时借助科学的制度、方式被不断强化、放大。红色基因的衰减、增益程度不但是评价红色基因制度的重要指标，而且直接影响红色基因的培植和传承。加强红色基因制度表达，应努力实现制度的全覆盖，尽量减少衰减，扩大增益。

所有中国特色社会主义制度都体现红色基因要求。党和国家的制度是党的性质宗旨、奋斗目标、执政理念、价值追求的刚性呈现，是党的意志的集中体现。中国共产党的执政地位决定了党和国家的制度必须接受、体现和传承党的红色基因，排斥党的红色基因甚至渗透进其他的杂色基因，都是不允许的。过去一段时间，实际上存在着这么一种现象，有的在制定制度的时候，立场发生了偏移，制度的导向发生了偏移，为什么人的问题没有回答好，人民群众有意见，带坏了社会风向，偏离了党的初心。党的十八大以来，我们党革弊鼎新、归正初心，坚持思想建党与制度治党相结合，在激浊扬清的同时，注重把私下运作勾兑的程序规定、政策制度等深耕破除，旗帜鲜明地立起党的主张、人民导向，党内正气上升，社会风气上扬，红色基因传承有了坚强的制度保障。党的十九届四中全会审议通过《中共中央关于坚持和完善中国特色社会主义制度、推进国家治理体系和治理能力现代化若干重大问题的决定》，聚焦坚持和完善支撑中国特色社会主义制度的根本制度、基本制度、重要制度，明确了各项制度必须坚持的根本点、完善和发展的方向，全面体现了传承红色基因的要求。培植和传承红色基因，就要融入坚持和完善中国特色社会主义制度、推进国家治理体系和治理能力现代化时代潮流，不断夯实红色基因传承的根基。

所有红色基因内容都实现制度表达。党的红色基因是一个覆盖党的事业和党的建设各层次、各方面、各领域的博大丰富的基因库，体现着建党以来党领导人民进行斗争的优良作风、光荣传统、伟大精神，是我们党成长壮大、兴旺发达、战胜一切敌人和困难的法宝，是我们永远不能丢不能变、永远传承下去的红色传家宝。在推进制度治党、全面依法治国、实现治理体系和治理能力现代化的奋斗征程中，应充分考虑如何实现红色基因的制度表达，把各方面的红色基因都融入制度中，都实现制度表达。把红色基因制度表达作为坚持和完善中国特色社会主义制度、推进治理体系和治理能力现代化的重大课题，摆上重要位置。对红色基因制度建设情况进行系统梳理，摸清楚红色基因制度表达的现状、问题，提出红色基因制度表达的指导思想、基本原则、总体目标、顶层规划、实施方案，明确任务分工和要求，分类分批次推进。加强党内法规制度建设，是建设中国特色社会主义法治体系的重要内容，是红色基因制度表达的主要渠道。认真贯彻落实《中国共产党党内法规制定条例》《关于加强党内法规制度建设的意见》，按照“规范主体、规范行为、规范监督”相统筹相协调原则，完善以“1+4”为基本框架的党内法规制度体系，在党章之下完善党的组织法规制度、党的领导法规制度、党的自身建设法规制度、党的监督保障法规制度。习近平法治思想“11 个坚持”的主要内涵，集中体现了党的红色基因。认真贯彻落实习近平法治思想，把红色基因在全面依法治国的实践中充分表达出来。红色基因传承的制度机制是红色基因制度表达的重要保障。研究红色基因内容制度表达，必须同步考虑加强红色基因传承的制度机制。研究制定传承红色基因实施的法规，明确传承红色基因的指导思想、基本原则、着力重点和主要工作，作为传承红色基因、弘扬优良传统的重要指导性文件。各单位、各部门、各地区在长期斗争中都形成了具有本单位、本部门、本地区特色特点的红色基因，要注重加强研究，适时写进法规性文件和规章制度中。以法规制度的刚性执行保证红色基因永葆活力、彰显威力。

坚持红色基因制度表达与伦理道德规范相结合。习近平总书记指出："要坚持依法治国和以德治国相结合，实现法治和德治相辅相成、相得益彰。"①法律与伦理道德均是上层建筑的重要组成部分，是规范人们行为的重要手段。法律强调刚性约束，伦理道德强调社会道德力量约束。我国古代就有"德刑并用"的主张。《唐律疏议·名例律》："德礼为政教之本，刑罚为政教之用，犹昏晓阳秋相须而成者。"党的十八届四中全会通过的《中共中央关于全面推进依法治国若干重大问题的决定》指出："国家和社会治理需要法律和道德共同发挥作用。必须坚持一手抓法治、一手抓德治，大力弘扬社会主义核心价值观，弘扬中华传统美德，培育社会公德、职业道德、家庭美德、个人品德，既重视发挥法律的规范作用，又重视发挥道德的教化作用，以法治体现道德理念、强化法律对道德建设的促进作用，以道德滋养法治精神、强化道德对法治文化的支撑作用，实现法律和道德相辅相成、法治和德治相得益彰。"②实践中，法律与伦理道德不是截然分开，而是紧密联系的。一些约定俗成、被广泛认可的规范社会秩序和人们关系的做法，即可以是伦理道德，根据需要也可以上升为法律。在规

① 《习近平在中央全面依法治国工作会议上强调　坚定不移走中国特色社会主义法治道路　为全面建设社会主义现代化国家提供有力法治保障》，《人民日报》2020 年 11 月 18 日。

② 《中国共产党第十八届中央委员会第四次全体会议文件汇编》，人民出版社 2014 年版，第 24—25 页。

范人们的行为上，两者在强制性上有强弱之别，但在作用力上各有优势，如鸟之两翼、车之两轮，相互补充。法律不能承担规范社会秩序的所有任务，需要伦理道德来补充。伦理道德的作用有三：一是承载文化传统，二是维护社会稳定，三是维系社会关系平衡。加强红色基因制度表达，除了要实现对中国特色社会主义制度的全覆盖外，还要注重在伦理道德建设上也要体现红色基因的要求，用红色基因引导伦理道德建设，弘扬社会主义核心价值观，贯彻中国共产党人的价值观，用党的优良作风影响社会风气，以党风带政风促民风。

（三）落实上注重讲求实效

制度建设的一条重要原则就是于事简便高效。制度的要求是程序化规范化，这客观上容易带来效率的损减。在红色基因制度建设上需要处理程序与内容的关系，既要程序规范，又要简便高效。这就要做到责任明确、机制顺畅、理念先进。

明确落实的责任主体。世界上有许多事情必须做，但你不一定喜欢做，这就是责任的含义。中国共产党是一个郑重的有战斗力的政党，讲责任、重担当是其鲜明特征。党的十八大以来，我们落实全面从严治党的主体责任，认真贯彻落实《中国共产党问责条例》，压紧压实主体责任、监督责任、领导责任，党的建设从宽松软走向严紧硬。习近平总书记在总结管党治党的经验特别是党的群众路线教育实践活动的经验时指出："不明确责任，不落实责任，不追究责任，从严治党是做不到的。"① 无论从制度主体还是制度内容看，红色基因制度表达都非常宽泛。在制度主体上，涵盖了中国特色社会主义制度体系的各层次各领域各方面；在制度内容上，

① 《十八大以来重要文献选编》中，中央文献出版社 2016 年版，第 93 页。

涉及党和国家事业的方方面面。这就决定了红色基因制度表达责任主体的宽泛性。从中央到各级党的组织，所有负责制定制度和落实制度的对象，都是红色基因制度表达的责任主体。这就更加要求明确红色基因制度表达的责任主体，使每一项红色基因在每一个层面和方面的每一项制度上，都有人负责落实。各级党委要对红色基因制度表达负起主体责任，纪委负起监督责任，具体制定部门负起直接责任，负责党的意识形态工作、组织工作和宣传工作的部门负起主管责任，共同形成红色基因制度表达的责任格局。

创新落实的体制机制。长期以来，我们党在培植和传承红色基因上形成了一套行之有效的体制机制。主要是：党中央统一领导、党的意识形态和宣传部门统筹、各部门分工负责各司其职、各领域各地区结合实际抓好落实的红色基因培植和传承的组织领导体制；组织开展教育实践、专题教育、理论武装、党史学习、党史研究、重要纪念活动、红色基因场馆建设、红色革命文化开发等贯彻落实的工作机制。随着时代的发展，特别是中央出台关于坚持和完善中国特色社会主义制度、推进治理体系和治理能力现代化的《决定》，红色基因制度的体制机制也面临新形势新任务新要求，需要创新发展。要坚持党对红色基因培植和传承的统一领导，从全党层面对培植和传承红色基因作出战略筹划，明确红色基因制度建设的目标要求、基本原则、总体任务、组织领导，建立不忘初心、牢记使命的制度，把红色基因制度建设纳入中国特色社会主义制度体系中，形成红色基因传承的良性态势。理顺红色基因制度建设的体制，在推进治理体系和治理能力现代化的过程中明确各部门、各领域、各地区、各级组织在红色基因制度建设中的职责任务、工作要求，形成红色基因制度建设的合力。优化红色基因制度建设的机制，把历史上好的做法继承好，把在实践中探索形成的成功经验总结上升为工作机制，根据形势任务发展积极探索红色基因制度落实的有效机制。以科学的体制机制保证制度的高效落实。

体现红蓝融合的理念。红蓝融合是近年来政治工作领域兴起的一个先进理念。红，是指党的红色基因；蓝，是指科学技术特别是信息网络技术。红蓝融合即“传统＋互联网”，“意指政治工作本体和信息网络载体有机结合、功能耦合、深度融合。根本目的是在信息网络条件下充分释放传统的最大优势和最大效能，确保部队血脉永续、根基永固、优势永存；核心本质是推动政治工作思维理念、运行模式、指导方式、方法手段与时俱进，为生命线加装数据链，以信息力强固生命力、提升战斗力”①。党的红色基因制度建设和制度落实，需要体现红蓝融合理念，充分考虑时代条件，深入研究人民群众在信息时代的认知特点和规律，广泛运用科学技术特别是信息网络技术，顺应发展大势，冲破思维定势，拥抱时代，让红色基因走进网络、占领网络、引领网络，找到增长点，开掘新优势，把“有意义”的事情做得“有意思”。主动依托信息网络开展红色基因宣传教育，搭建网上学习平台，让红色基因占领网络阵地；依托信息网络践行党的群众路线，学会通过网络走群众路线，经常上网看看，了解群众所思所愿，收集好想法好建议，积极回应网民关切、解疑释惑；依托网络发扬民主，从网络上征求群众的意见建议，开展事务公开，畅通网络监督，维护人民群众合法权益；我国网民人数多，坚持以人为本理念，把广大网民和从事信息网络工作的人群作为重要对象，发挥他们在红色基因制度建设中的作用，让占人口最大多数的网民成为红色基因传承和红色基因制度建设的生力军。

① 陈国强：《“‘红蓝融合’：传统＋互联网”——信息网络时代军队政治工作创新实践与思考启示》，2017 年 10 月 27 日，见 http://theory.people.com.cn/n1/2017/1027/c40531-29612981.html。

第五章　红色基因的社会化培塑

红色基因彰显着共产党人的性质宗旨和崇高信仰，是其特有的精神密码。中国共产党人的红色基因是在领导中国革命、建设、改革的伟大历史征程中萌芽、孕育、发展、成型的。红色基因的形成过程同时伴随着社会对其的必然培育和塑造，形成了带有中国共产党印记、具有鲜明民族特色的红色文化。这一红色文化体现在中国共产党人的远大理想、坚定信念、崇高追求和作风纪律建设等层面，融注于以爱国主义为核心的民族精神和以改革创新为核心的时代精神当中。充分发挥好红色文化成风化人功能，传承弘扬好镌刻红色基因的民族精神和时代精神，进一步坚定中国共产党的领导，提振中国人民的精气神，能够有效凝聚起推进中华民族伟大复兴的磅礴力量，将建设新时代中国特色社会主义伟大事业持续推向前进。

一、红色基因社会化的基本途径和功能作用

红色基因是归属于政治的上层建筑，其社会化必须遵循政治社会化的一般规律。对个体而言，红色基因社会化是其围绕红色基因的传承，通过

多种途径的政治学习与社会实践，形成以社会主义先进政治文化为基本特征的政治态度、政治情感、政治价值观和政治认知模式的过程。对社会而言，红色基因社会化是特指红色基因的传播和延续过程，包括了守正、继承与创新的统一，是社会运用以红色基因为核心的红色文化有效塑造其成员政治心理和政治意识的过程。红色基因是中国共产党的特有政治元素，其社会化过程是人民群众认识政治现象、形成政治意识、掌握政治知识和政治技能的过程。这一过程并不是在某一个特定时期一次性完成，而是贯穿于人的一生。对社会成员的红色基因培塑，社会会以其特有的途径和方式将以红色基因为核心内容的红色文化作用于个体，潜移默化对其思想、言行产生必然影响。同时，人是改造社会的核心力量，红色基因植入社会个体骨髓血脉后，就会自觉转化为改造社会的行动，这种力量汇集起来就会成为推动社会向前发展的磅礴力量。社会越向前发展，党的红色基因库就会越丰富，进而就能将红色基因得以在更大范围、更深层次传播、普及、延续。这是一个螺旋上升的过程。

（一）红色基因社会化的基本途径

红色基因社会化主要有三个途径。一是家庭教育，这是红色基因社会化过程的起点；二是学校教育，这是红色基因社会化的系统推进阶段；三是社会教育，这是红色基因社会化最为持久、最为关键的阶段，也是与人的社会实践联系最为紧密的阶段。一个自然人要转变成为社会人、政治人，上述三个途径必不可少。

1. 家庭教育

家庭教育是伴随每个人一生的教育。成年之前的家庭教育是关键，因为这一阶段的家庭教育是人生教育的基础和起点，对一个人世界观、人生观、价值观的形成发挥着极其重要的作用。成年以后，人的价值取向和道德判断标准已基本成型，家庭成员之间的作用形式也由面对面教育逐渐转向相互影响。面对面教育既靠自觉性又靠强制性，而相互影响主要是靠自觉性，因此，成年以后家庭教育发挥作用程度较成年之前会有所减弱。总体来讲，各阶段有各阶段的特点，具体操作过程中应因地制宜，不能一概而论。

家庭教育的分类。按照发挥作用性质区分，可分为学龄前儿童的奠基教育、学校教育和社会教育之外的补充教育两种，按照教育目的可区分为直接目的和长远目的（或最终目的）。家庭教育的直接目的具有阶段性特征。对儿童和青少年来讲，家庭教育主要是为了提升其明辨是非的能力，帮助其树立正确的“三观”。这个阶段的家庭教育对人一生的成长尤为重要。对中青年来讲，家庭教育主要是为了培养其形成良好的职业道德操守和社会品行，为国家、社会作出贡献。对中老年人来讲，家庭教育主要是为了引导其发挥示范引领作用，为年青人作好榜样。将家庭教育置于整个人类发展的历史长河中看，其最终目的是通过家庭及其成员对人成长的有效干预，培塑形成良好习惯，掌握有用技能，为国家、社会培育栋梁之材。家庭教育的阶段性目的的最终指向是其长远目的的实现。

家庭教育的方式。家庭教育以父母言传身教或家庭成员之间相互影响为主，也可灵活采取多种辅助教育方式。家庭教育的形式和空间较为灵活，可以集中用大块时间进行教育，也可以见缝插针随机进行，还可以因事实时进行教育。国家十分重视家庭在红色基因社会化进程中的突出作用，在社会氛围渲染方面进行大力宣传，在家庭成员互助方面进行积极引导。通过引导作为社会细胞的家庭扮演好应有角色，督促其把好家庭成员人生成长第一关作用，扣好人生第一粒“扣子”。对学龄前儿童的奠基教育来讲，要有计划地实施红色基因锻造工程，加强对幼儿思想的熏陶，有意识为幼儿多宣讲红色故事、宣扬红色传统，让其明辨是非丑恶，树立对英雄的敬仰和对红色传统的认同，潜移默化为其植入红色基因，夯实红色思想根基，教育其立志做社会主义事业接班人。幼儿家长作为幼儿人生的第一位老师，必须要持续强化对红色文化的高度认同，主动学习红色文化、理解掌握红色文化，提升精准遴选红色文化介质能力和为幼儿示范教育能力。对学校教育之外的补充教育来讲，主要是对课堂教育无法涉及的内容、课堂教育无法采用的形式，在节假日或周末利用或创造有利条件进行补充完善。比如，红色遗址的参观、红色英雄的探访、红色影视的观看等，形成课上课下相互补充、相互促进的良好互动。对社会教育之外的补充教育来讲，教育群体涉及各个年龄段，每个人既是教育者也是被教育者，人人都担负有延伸教育的责任和义务。家庭与家庭之间、家庭成员之间要善于通过日常语言交流、日常行为规范等，相互提醒，相互影响，将红色基因潜移默化融入平常生活各个细节，主动提升红色文化素养，涵养红色文化品行。

2. 学校教育

学校教育是教育者依据一定的社会要求，有目的、有计划、有组织地对受教育者施加影响，促使其朝着所期望的方向发展变化的活动。学校教育是一个人接受系统教育的开始，也是围绕人的全面发展有计划进行针对性培育的阶段，在人的一生中发挥着极其特殊重要的作用。

学校教育的分类。从时间段划分来看，大致可分成小学教育、中学教育和高等学校教育三个阶段。各个阶段的学校教育担负着不同的教育任务，概括起来主要有两个方面，一是灌输党的理论路线方针政策，从小培养热爱党、热爱祖国、热爱人民的习惯，确保长大后能够衷心拥护党的领导，为社会主义现代化建设添砖加瓦。二是教授相关专业知识，将来参加工作后，以实际行动为党、国家、人民服务。在学校教育过程中把握好这两个任务，就能够把握好在学校教育中传承红色基因的主基调。

学校教育的目的。我们国家的学校教育的任务是培养合格的社会主义接班人。这里讲的“合格”，囊括了德、智、体、美、劳等多个方面，而德是排在首位的。学生时期是一个人树立理想信念、获得科学知识、提升思维层次、培塑人性品格的关键时期。学校教育在这个阶段扮演着极其重要的角色，应根据学生认知水平递进发展特点，通过阶段性教学目标引领，推进学生整体素质的提升。长期以来，不少学校、家庭都歪曲了学校教育的初衷，学校为了提升升学率，唯分数至上，只注重学生课本知识的灌输，忽视了学生德育的培训；家长为了孩子考个好学校，有个好前途，将孩子的培养只定位在学习好上，致使培育的不少学生出现了高分低能的现象。我们必须认真汲取这类教训，加大对学校教育方针、目的、内容的规范，规正好学校教育的目标任务，将学校教育的方向拉回到教育和引导学生热爱中国共产党、热爱祖国、热爱人民，做社会主义事业的合格接班人上面来。实现这一目标，首先要让学生明白为什么学习、将来为什么人服务的问题，实现途径就是认真开展党史、新中国史、改革开放史、社会主义发展史教育，通过课堂讲授、现地参观、实践教学等方式，使红色基因进入学生思想、融入学生血脉，在学生心中深深扎根，坚定忠于党、忠于祖国和为实现人民利益而不断提升本领、追求进步的理想信念。在培塑好世界观、人生观、价值观的前提下，再开展知识传授，教育其练强本领，服务社会需要，争当社会主义建设事业的合格接班人。

培塑红色基因的途径。学校教育是培塑红色基因的主渠道，能够通过有组织有计划地宣讲灌输，并以一定方式进行考核检验，来促进红色基因在学生群体中体系性、完整性接收消化。培塑红色基因与青少年的学习和成长实践相结合，就是要引导他们树立远大的人生理想，让他们认识到个人理想的实现依赖于社会理想的实现，必须将“小我”与“大我”有机结合起来，将个人理想同社会的需要和人民的利益结合起来，个人的人生才是有意义的人生、闪光的人生。在学校教育的考核模式上，应将德育考核作为一个重要环节突出出来，确保培养出的人才是“红心”人才。党的十八大以来，以习近平同志为核心的党中央立足国际国内两个大局，从我国实际出发擘画出了实现中华民族伟大复兴的宏伟蓝图。蓝图已经绘就，接下来的唯有奋斗。习近平总书记多次勉励青年，“幸福都是奋斗出来的”“奋斗本身就是一种幸福，只有奋斗的人生才称得上幸福的人生”。青年学生作为建设新时代中国特色社会主义的生力军，作为祖国的希望和未来，一定要树立起“为中华崛起而读书”的豪迈志向，培养健全高尚人格、掌握先进科学知识、锻炼健康强健体魄，扛起应有的责任担当，不负时代，不负韶华，努力为实现中华民族的伟大复兴作出自己应有的贡献，在实现强国梦的征程上书写属于自己的精彩人生。

3. 社会教育

社会教育是影响个人成长、发展、进步的一种特殊教育活动，开放性是其主要特征。社会教育旨在通过社会正能量的感化、营造健康向上的社会氛围，坚定受教育者的理想信念，规范其言行举止，进而将其培育成为对社会有益的人。社会教育因其面对受众多、范围广，且具有全方位性，因此在人的教育尤其是德育教育中发挥着非常重要的作用。

社会教育的分类。社会教育可分为狭义的社会教育和广义的社会教育两种。狭义的社会教育是指能够通过规范的社会教育机构进行的教育，主要有文化馆、少年宫、图书馆、博物馆、纪念馆等，这些场馆对培塑红色文化、传承红色基因能起到一定的作用。但广义的社会教育是将整个社会作为大课堂，社会文化、社会制度、社会运行模式等都是社会教育的基本元素。

广义社会教育的特性。广义的社会教育是培塑红色文化、传承红色基因更为重要的方式和途径。广义的社会教育具有三个特性。一是终身性。因为对每个人来讲，只要生命不止，就必须接受社会制度的约束、社会文化的熏陶，接受社会教育就不会停止。二是相长性。在社会教育中，人人都是施教者，又是受教育者，每个人兼具老师和学生两个角色。社会教育的这一特征既要求每个人在日常行为中要注意自己的一言一行，要将自己最好的一面示范给他人，也要求每个人对来自他人的信息要根据自身特点进行批判性接收。社会教育的这一特征对维护社会良好风气也发挥了重要作用。三是全域性。作为一名社会成员，其接受社会教育具备一定的主动性，但也有一定的被动性。近朱者赤，近墨者黑，社会生态对一个人的成长也发挥着至关重要的作用。因此，营造传承红色基因、弘扬红色文化的社会氛围是红色基因社会化培育的重要一环。社会教育的制度化成果既包括现有的法律法规等，也包括长期形成而没有上升到制度层面，但也必须遵循的规矩类成果。这些成果规范着社会发展的方方面面，推动着社会不断向上向善向好发展。广义社会教育的这些特性，决定了其在红色基因社会化培塑进程中必然扮演比一般教育更为重要的角色。

发挥红色文化在社会教育中的重要作用。文化是塑造人、改变人进而促进社会发生变化的最深沉持久的力量。红色文化是共产党人创造的能彰显其固有先进特性的特有文化，是社会主义文化的主要内容。要加大红色文化的社会塑造力度。不仅要从党领导人民革命、建设、改革的历史中汲取红色营养、提炼红色文化，还要从不断发展着的社会主义现代化建设生动实践中提炼社会主义先进文化，全面丰富社会主义文化的红色宝库，努力厚实社会主义先进文化的历史底蕴和现实意蕴，使其成为社会成员接受社会教育的主导内容和主流方向。要加大红色文化的社会推广力度。充分发挥好党管宣传、党管意识形态的特有优势，用活用好各种教育、宣传资源，推动红色文化进教材、进课堂、进报刊、进电视、进网络等，形成全方位立体式的宣传教育格局，使各个群体、各个阶层都能找到适合自身习惯的接受红色教育方式，最终在社会教育这一环节达到红色文化进思想、见行动的目的。通过系统教育、氛围熏陶，使整个社会充满积极向上的正能量，影响和带动全社会为共同的奋斗目标努力。要加大红色文化与社会实践的结合力度。社会是实践着的社会，红色文化来自社会实践，也必须继续回归社会实践、引导社会实践。现阶段，红色文化就是要与推进新时代中国特色社会主义快速发展、国家的社会主义现代化建设结合起来，为中华民族伟大复兴提供源源不断的精神动力和精神支撑。只有这样，红色文化才会更具生命力。

（二）红色基因社会化的功能作用

马克思主义认为，经济基础决定上层建筑，上层建筑反过来又作用于经济基础，二者互为作用，推动社会不断前进。以红色基因为核心元素的红色文化，本质上是一种革命的、实践的、创新的先进科学文化。作为一个抽象概念，其归属于上层建筑范畴。红色文化如果要推动社会前进，中间必须经历一个时代化、大众化、社会化的过程。因此，红色基因社会化具有以下三种功能。

1. 鲜明的导向引领功能

以马克思主义为精神密码，从中国革命的伟大实践中孕育成长的红色基因，是组成共和国底色的精神谱系。习近平总书记指出：“在一百年的非凡奋斗历程中，一代又一代中国共产党人顽强拼搏、不懈奋斗，涌现了一大批视死如归的革命烈士、一大批顽强奋斗的英雄人物、一大批忘我奉献的先进模范，形成了井冈山精神、长征精神、遵义会议精神、延安精神、西柏坡精神、红岩精神、抗美援朝精神、‘两弹一星’精神、特区精神、抗洪精神、抗震救灾精神、抗疫精神等伟大精神，构筑起了中国共产党人的精神谱系。我们党之所以历经百年而风华正茂、饱经磨难而生生不息，就是凭着那么一股革命加拼命的强大精神。”①党的红色基因正是这一精神谱系的内核支撑和赓续联系，在革命精神的涵养创建过程中发挥了不可替代的关键作用，并已深深熔铸于共产党人的精神气质中。红色基因通过思想和精神发挥作用引领具体行动，推动着一定的社会发展趋势。

新民主主义革命时期，红色文化主要是革命的文化。在土地革命战争时期，面对国民党反动派制造的白色恐怖，共产党人在敌人的屠刀面前坚贞不屈，英勇顽强地与敌人展开斗争。在长征途中，面对蒋介石中央军和粤、桂、湘、黔、滇等各路军阀几十万军队的围追堵截，共产党人领导的革命队伍秉承革命理想高于天的执着信念，爬雪山、过草地，最终成功到达陕北建立革命根据地，建立起了中国革命大本营。在延安时期，共产党人在蒋介石“攘外必先安内”方针和国民党军队穷追不舍的艰难险境下，义无反顾扛起了建立抗日民族统一战线的革命大旗，感召着全国的热血青年参加革命。在解放战争时期，人民军队坚定革命信念，以小米加步枪打败了国民党反动派的飞机大炮，建立了新中国。在新中国成立前党领导革命的28年斗争过程中，无数仁人志士不惜抛头颅、洒热血，留下了可歌可泣的赞歌，也形成了一不怕苦二不怕死、为了革命一往无前、为了胜利再所不惜的革命精神。这种革命精神就是革命战争时期红色文化的集中体现。在红色革命文化的激励引领下，一批批革命志士勇往直前，付出了鲜血乃至生命的崇高代价。这种红色革命文化也是我们能够打败日本帝国主义和国民党反动派，建立新中国的最根本原因和最核心元素。在革命战争时期，在党和党领导的革命队伍中，这种文化是占主导的引领性文化，激励着一批批共产党人和先进群众前赴后继。

到了社会主义革命和建设时期，红色文化主要是凝心聚力搞建设的文化。经过几十年的战争，新成立的共和国可以说是一片废墟。面对“一

① 《习近平著作选读》第二卷，人民出版社2023年版，第423—424页。

张白纸”、一穷二白的中国如何搞建设？共产党人领导人民群众将新民主主义革命时期的精神发扬光大，能征得外援的就争取外援，没有外援就依靠自己丰衣足食。在建设一个崭新新中国的强烈愿望引领下，党领导人民排除万难、艰苦奋斗，积贫积弱的面貌迅速发生改变。尤其是“两弹一星”的成功，使中国一跃跻身为有影响力的大国行列。新中国成立后的这段时期，铁人精神、兰考精神、大寨精神、“两弹一星”精神等是红色文化的主要内容。这些精神激励着全国人民为尽快建设一个社会主义现代化的国家而努力奋斗。

改革开放和社会主义现代化建设新时期，在党的十一届三中全会精神指引下，党迅速实现了工作思路的彻底转变，将全党工作重心由以阶级斗争为纲转变到以经济建设为中心上来。这一时期内最具特征的两件大事，一是安徽凤阳小岗村 18 户农民自发搞起了家庭联产承包责任制，二是设立深圳、珠海、厦门、汕头 4 个经济特区。这两件事从农业和经济方面对经济建设展开先行先试，取得了极大成功。从此，中国开始了经济建设的伟大飞跃。这一时期，解放思想、改革开放是其红色文化的主要内容，并形成了开拓创新、勇于担当、开放包容、兼容并蓄的精神品格。在一系列改革开放精神激励引领下，我国经济迅速发展，人民生活水平极大提高。

党的十八大以来，中国特色社会主义进入了新时代。以习近平同志为核心的党中央高度重视新时代红色基因的传承和发展，大力推进红色基因代代传工程。习近平总书记对传承红色基因有过多次论述。2013 年 11 月在山东考察时讲到，沂蒙精神与延安精神、井冈山精神、西柏坡精神一样，是党和国家的宝贵精神财富，要不断结合新的时代条件发扬光大。2016 年 1 月 5 日在视察 13 集团军时讲到，部队中红色资源很多，要发掘好、运用好，丰富“红色基因代代传”工程内涵，加强党史军史和光荣传统教育，确保官兵永远听党话、跟党走。2016 年 2 月 1 日至 3 日春节前夕赴江西看望慰问广大干部群众时讲到，回想过去那段峥嵘岁月，我们要向革命先烈表示崇高的敬意，我们永远怀念他们、牢记他们，传承好他们的红色基因。2019 年 8 月 19 日至 22 日在甘肃考察时要求，要讲好党的故事，讲好红军的故事，讲好西路军的故事，把红色基因传承好。2020 年 6 月 10 日在宁夏考察工作时讲到，红军长征在宁夏留下了弥足珍贵的红色记忆。要用这些红色资源教育党员、干部传承红色基因、走好新时代长征路。2021 年 2 月 20 日在党史学习教育动员大会上讲到，中国革命历史是最好的营养剂，重温这部伟大历史能够受到党的初心使命、性质宗旨、理想信念的生动教育，必须铭记光辉历史、传承红色基因。要教育引导全党大力发扬红色传统、传承红色基因，赓续共产党人精神血脉，始终保持革命者的大无畏奋斗精神，鼓起迈进新征程、奋进新时代的精气神。在党的二十大报告中，习近平总书记强调指出，要“坚持理论武装同常态化长效化开展党史学习教育相结合，引导党员不断学史明理、学史增信、学史崇德、学史力行，传承红色基因，赓续红色血脉”①。习近平总书记关于传承红色基因的这些重要论述，既是对传承红色基因的要求，也是对传承好红色基因、使其在新时代发扬光大的期望。这些重要论述也牢牢把握和引领着中国特色社会主义先进文化的正确发展方向。

发挥好红色文化的导向引领功能，能够从政治素养、思想品格上引领人的塑造，持续培养出一代代政治坚定的新时代社会主义接班人，推动党领导人民开创的伟大事业不断前进。发挥好红色文化的导向引领功能，能够在中国特色社会主义制度自我完善和发展上有效引领全面深化改革的方向，向构建起系统完备、科学规范、运行有效的制度体系的方向发展。发挥好红色文化的导向引领功能，能够有效激发出人民大众建设社会主义的精气神，凝聚人民意志、集中人民智慧、依靠人民力量，持续不断将新时代中国特色社会主义推向新的高度。

---

① 《党的二十大报告辅导读本》，人民出版社 2022 年版，第 59 页。

2. 持续的历史传承功能

红色基因是内化于共产党人和人民群众骨髓血脉中的一种精神存在，是构成共产主义远大理想和中国特色社会主义共同理想的核心元素。红色基因随着时代发展和社会进步会不断充实、丰富和完善，但不能丢失、弱化和变异。持续的历史传承是红色基因的重要特性，也是其发挥职能使命必须具备的必然品质。

红色基因因为传承而更加丰富多彩，因为传承而变得更加强大。我们现在所讲的红色基因，一般主体指向为中国共产党，时间跨度从中国共产党成立延展至当下的中国特色社会主义新时代，产生于党领导人民不断奋斗的历史进程中。红色基因虽然产生于党成立以后，但红色基因不是凭空产生的，有其历史渊源和形成背景，不能与中华民族五千多年的光荣历史割裂开来去认识。红色基因中蕴含的精髓与中华民族自古有之的忠诚、尚武、勇毅、求胜等精神一脉相承。中华古代兵书中很早就总结出了智、信、仁、勇、严等精神，红色基因是这些中华优秀传统文化精神的继续、发展与升华。唯有上升到这一层面，我们才能理解为什么只有在中国共产党领导下、在中国这块古老土地上、在中华民族这一特定族群中才产生这一特殊的精神文明成果。在近代以来中国社会革命大背景下，中华民族优秀文化精神有了马克思主义的正确指导，有了中国共产党的坚强领导，有了中国革命的丰富实践，并经过创造性转化和创新性发展后，形成了我们特有的红色基因库。红色基因脱胎于中华优秀传统文化，也必将随着历史的不断向前发展继续传承下去。

传承红色基因不是简单的复制，而是与新的时代特点、时代实践相结合，挖掘出新的时代内涵，彰显出新的时代价值的过程，其表现特征应理解为螺旋式上升。也就是说，红色基因传承是红色基因创新的前提和基础。离开红色基因的传承去搞红色基因的创新，就很容易把握不住创新的方向，失去创新的原动力，使红色基因逐渐变味、变形甚至变质。

传承红色基因应高度警惕的是“高级黑”“低级红”现象，防止别有用心的人打着“高级红”的外衣，掩盖其不正当的政治目的，恶搞、戏谑党。不正确或方式不当的“红”，实质是一种“自黑”，同样要不得。2021年是党的百年华诞。党的历史既是创造红色文化的历史，也是红色文化引领发展的历史。要利用全党开展党史学习教育契机，大力纠正一些歪曲党史、篡改党史的错误倾向，如“有的夸大党史上的失误和曲折，肆意抹黑歪曲党的历史、攻击党的领导；有的将党史事件同现实问题刻意勾连、恶意炒作；有的不信正史信野史，将党史庸俗化、娱乐化，热衷传播八卦轶闻，对非法境外出版物津津乐道，等等。要坚持以我们党关于历史问题的两个决议和党中央有关精神为依据，准确把握党的历史发展的主题主线、主流本质，正确认识和科学评价党史上的重大事件、重要会议、重要人物。要实事求是看待党史上的一些重大问题，既不能因为成就而回避失误和曲折，也不能因为探索中的失误和曲折而否定成就。要旗帜鲜明反对历史虚无主义，加强思想引导和理论辨析，澄清对党史上一些重大历史问题的模糊认识和片面理解，更好正本清源、固本培元”①。

既然历史传承功能是红色基因社会化的一个重要功能，那么植根于革命先烈用鲜血染红的泥土中，传承于一代代人不懈奋斗的事业中，与我们每一个人情感相连、命运相系的红色基因，便成为我们共产党人精神的原点和整理行装继续出发的起点，成为共产党人伴随一生的精神烙印。一定程度上讲，传承红色基因就是在传承中国共产党的历史、中国革命的历史。党史、新中国史、改革开放史、社会主义发展史不仅是党领导人民革命、建设、改革的真实记载，也是党带领中国人民迎来从站起来、富起来

① 习近平：《在党史学习教育动员大会上的讲话》，人民出版社2021年版，第25—26页。

到强起来的生动画卷。传承红色基因与学习“四史”本质上是相通的，就是要认识红色政权来之不易、新中国来之不易、中国特色社会主义来之不易，就是要牢记党的初心使命、性质宗旨，不断跨越前进道路上的各种艰难险阻，在实现中华民族伟大复兴的历史进程中走好新时代的长征路。感悟革命传统的崇高，传承红色基因中蕴含的信仰、定力和成功之道，必须保持革命战争年代那么一股劲，那么一种革命热情，那么一种拼命精神，在开拓中弘扬，在创新中发展，方能让红色基因永不变色，使我们的事业永续推进。

3. 深刻的教育感化功能

成风化人是红色文化的重要功能。通过宣扬红色文化来感染人的思想，影响人的言行，教育感化社会大众，进而树立一种积极向上的社会风气，这是红色基因担负的一项极其重要的历史使命，也是其职能使命的应有之义。

风气正，国运昌，风气浊，国运衰。历史和现实一再证明，物质生活的丰富，并不代表着精神世界的丰盈。经过新中国成立后 70 多年尤其是改革开放 40 多年的快速发展，我们的经济水平得到较大提升，GDP 也已经跃居世界第二。但精神世界方面，我们面临的挑战却不降反增。历史虚无主义苗头时常出现，网络舆论也存在一定乱象，西方敌对势力打着宗教自由的幌子，在我国一些地区特别是农村、山区等拉拢群众……我国意识形态领域的斗争呈现出了日益严峻之势。对近年落马的各级官员存在的问题进行梳理，相当数量的干部出现了理想丧失、信念动摇、道德沦丧、精神迷茫等情况，不仅在他们身上丝毫看不到红色基因的影子，有的甚至走上了党的人民的对立面。党龄的增长并不代表党性的增强。传承红色基因的路上，党的许多干部因为放松或放弃理想信念的改造而逐渐背离党，与党越来越远。正如习近平总书记在党的十九大报告中所指出的，新形势下党面临着执政考验、改革开放考验、市场经济考验、外部环境考验和精神懈怠危险、能力不足危险、脱离群众危险、消极腐败危险。这些考验和危险时刻威胁着党的生命，威胁着中华民族的伟大复兴。红色文化蕴含着坚定的理想信念、崇高的精神追求、深深的家国情怀和共产党人应该遵循的行为规范。弘扬红色文化能够有效教育、熏陶、感化党员干部和人民群众，引导其全面、客观、准确把握党领导革命、建设和改革的历史进程与辉煌成就，增进道路自信、制度自信、理论自信和文化自信，矢志不渝为实现共产主义远大理想和中国特色社会主义共同理想奋斗。

当前，改革开放后成长起来的中青年一代已成为社会主义现代化建设的中坚骨干。与老一辈无产阶级革命家相比，他们经风雨见世面较少，没有经历过严峻复杂斗争的考验。尤其是“90后”“00后”，正处于世界观、人生观、价值观的培塑和形成期，是正在成长的一代。他们是建设新时代中国特色社会主义的生力军，是党和政府重点培育的年轻一代，但同时也是西方敌对势力进行“政治转基因”重点瞄准的对象。我们必须清醒认识到对青少年开展红色基因培塑的极端重要性，通过红色文化“润物细无声”式的教育，引导其坚定正确理想信念，提高明辨是非能力，筑牢抵御各种腐朽思想侵蚀的道德防线。面对社会上越来越多元的文化，在坚持“各美其美，美人之美，美美与共”“和而不同”的同时，要坚持批判吸收的态度，有利于中国共产党的领导，有利于社会主义建设的，要积极借鉴为我所用，反之则坚决予以摒弃。对一些反动文化，还要有理有利有节地积极开展批判。通过让红色基因以成风化人方式植入青年一代血脉骨髓，把爱党、爱国、爱人民、爱社会主义的种子种入其心灵深处，为中国特色社会主义事业源源不断培养合格建设者和可靠接班人。

二、红色基因社会化的主要成果体现

红色基因在社会化进程中，与各个不同时代的特征相结合，形成了以红色革命文化、社会主义先进文化和社会主义核心价值观为主要内容的红色成果。

（一）红色革命文化

从红色文化形成发展的时间轴上看，其第一阶段的形成成果是红色革命文化。红色革命文化是党领导革命战争形成的先进文化，革命性是其本质特征。革命战争的岁月已经过去，但革命文化却永远传承了下来，成为我们党领导建设、改革、发展的重要精神财富。在现代社会发展中，红色革命文化体现在理想信仰、价值追求、精神风貌等层面，与社会主义先进文化共同构成了当代中国文化的价值核心和精神主体。

红色革命文化从思想层面表现为红色革命精神，从践行层面表现为红色革命传统，从物质层面表现为红色革命遗址遗物等。红色革命精神包括伟大建党精神、井冈山精神、苏区精神、长征精神、延安精神、抗战精神、抗美援朝精神等，是我们党不断战胜风险挑战的强大精神来源。红色革命传统是指党在革命战争年代形成的一些好的做法，包括“三大法宝”“三大作风”“三大纪律八项注意”等。这些优良传统和优良作风在新的时代赋予了新的内涵，发挥了新的重要作用。红色革命遗址遗物包括一切党领导革命斗争的遗物遗址遗存。这些遗址遗物承载着重大的红色革命记忆，是进行爱国主义和革命英雄主义教育的重大载体，是组织党性教育、革命传统教育和国防教育的重要依托。

红色革命文化既是中华优秀传统文化的传承，又是党领导革命斗争历程生动反映的抽象；既展现了党带领人民浴血奋战、艰苦奋斗，致力于寻求民族独立和人民解放，实现中华民族伟大复兴进程的宏伟画卷，又见证了党从领导人民为夺取全国政权而奋斗的党，到掌握全国政权并长期执政的党的历史过程。习近平总书记高度重视红色革命文化时代价值的挖掘，在不同时机不同场合多次强调，历史是最好的教科书、中国革命历史是最好的营养剂，多重温我们党领导人民进行革命的伟大历史，心中就会增加很多正能量。要加大党史新中国史的学习，深刻认识红色政权来之不易、新中国来之不易；深刻认识红色革命文化在党领导人民夺取全国政权中发挥的重要作用，理解毛泽东所指出的“我们要战胜敌人，首先要依靠手里拿枪的军队。但是仅仅有这种军队是不够的，我们还要有文化的军队，这是团结自己、战胜敌人必不可少的一支军队”的深刻含义。现在，中国特色社会主义进入新时代，中华民族处于新的历史起点。越是在关键节点，越需要精神和意志的支撑。红色革命文化是中国共产党人理想信念的精神力量来源、思想品格的内在核心元素，每到重大历史关头，其都能与时代精神和民族精神相结合，发展成为具有实践引导力和精神感召力的先进文化。尤其是当前世界正处于百年未有之大变局的情况下，为阻止我崛起，国际上以美国为首的西方国家对我多领域、多方向打压，国内改革、发展、稳定面临的矛盾问题不断涌现。如何顶住来自国际、国内的双重压力，确保我伟大复兴的进程不被打断，是我们必须正视和勇于面对的问题。一个核心途径就是必须坚持物质层面和精神层面两手抓两手都要硬，学会从红色革命文化中汲取斗争和前行的力量，大力培塑新时代中国特色社会主义斗争文化，弘扬斗争精神，锤炼斗争品质，灵活斗争策略，精选斗争方法，激励全党全国人民不怕牺牲、排除万难，争取最后胜利。

红色革命文化在推进新时代中国特色社会主义进程中发挥着重要作用。抓好红色革命文化的传承是摆在我们面前必须做好的一件十分重要的事情。习近平总书记强调指出，加强革命文物保护利用，弘扬革命文化，传承红色基因，是全党全社会的共同责任。新时代弘扬红色革命文化，不能为了弘扬而弘扬，而是必须与当前正在推进的新时代中国特色社会主义伟大事业结合起来，纳入党对意识形态的全面领导中统一衡量。只有在党的坚强领导下，在传承红色基因的基础上，结合新的社会实践对红色基因进行社会化培塑，形成契合新的时代特点文化和精神，才能使以红色基因为内核的红色革命文化在新时代大放光彩，进而推动社会实现新的发展。要把红色资源利用好。红色资源是我们党独有的、宝贵的财富，其伟大价值不仅在于它的历史光辉，更在于它在当下依然能带给我们思考和精神滋养。把红色资源利用好，就必须积极开展红色影视展播、红色专题讲座、红色典型教育、红色主题讨论，经常组织党员干部和人民群众到革命遗迹遗址等红色基因的“孕育地”“储存库”参观拜谒，用红色主旋律占领思想阵地，用红色革命思想武装头脑，使心灵得以滋养、灵魂得以净化、境界得以提升。要把红色传统发扬好。加强整理挖掘和研究阐释，积极推动弘扬红色传统文化的文艺创作，将在红色景点开设红色课堂纳入机制化轨道，并围绕重要时间节点开展主题宣传教育活动，让红色传统活起来、传开来，让更多的人看得见、记得住。抓好发扬红色传统方法和手段的创新。适应全媒体时代特点和年轻人的行为认知，既发挥传统教育方法言传身教的特殊优势，同时也运用好先进的科技手段，开通一批弘扬红色传统App学习软件、拍摄一批弘扬红色传统视频资料等，形成线上线下、课内课外互动教育的新格局。要扎实推进“红色基因代代传”工程。保护好承载红色基因的遗迹遗物，传承好承载红色基因的光辉事迹，教育好担负传承红色基因使命任务的党员干部和人民群众，让红色基因薪火相传、血脉永续。当前重点是抓好各系统各领域改革中红色基因的保留、传承和发展工作，确保无论如何调整，红色基因坚决不丢不散不弱化。推进“红色基因代代传”工程还要将抵御西方敌对势力对我展开的“政治转基因工程”作为重中之重紧抓不放，通过政治教育、思想引领、案例警示等方式，廓清思想迷雾，坚定信仰信念，对错误思想言论进行坚决抵制。要抓好红色革命文化的创新。红色革命文化只有在传承中不断融入时代元素，在守正的基础上不断创新，才能具有更加持久旺盛的生命力。传承红色革命文化不是简单的重复，而是逐渐丰富、逐渐优化的累积过程。各级党组织和党员干部必须扛起红色革命文化创新发展的时代责任，在推陈出新、破立并举中固本开新，使红色革命文化更具时代魅力。在红色文化的传播方式上，应创新扶持红色文化旅游、打造红色文创产业，通过人民群众喜闻乐见的形式，使新时代红色文化更好为人民群众所接受。

（二）社会主义先进文化

社会主义先进文化是马克思主义政党思想精神上的旗帜。党的十八大以来，习近平总书记多次提到文化自信，并将其与道路自信、理论自信、制度自信并列起来。他讲道："中国有坚定的道路自信、理论自信、制度自信，其本质是建立在五千多年文明传承基础上的文化自信"①，"文化自信，是更基础、更广泛、更深厚的自信"②。因此，建设有中国特色的社会主义，必须首先树立起坚定的文化自信。通过下大力气抓好社会主义先进文化的繁荣发展，不断满足人民群众日益增长的精神文化需求，进而丰富人们的精神世界，增强人们的精神力量，凝聚起万众一心加油干、越是艰险越向前的坚定意志和磅礴力量。

社会主义先进文化是马克思主义普遍原理与中国文化相结合而产生的，面向现代化、面向世界、面向未来的，民族的科学的大众的具有中国特色社会主义特点和元素的文化。社会主义先进文化是反映和适应先进生

---

① 《习近平谈治国理政》第四卷，外文出版社 2022 年版，第 312 页。

② 习近平：《在庆祝中国共产党成立 95 周年大会上的讲话》，《人民日报》2016 年 7 月 2 日。

产力发展要求的文化，是代表和维护最广大人民根本利益的文化，其主要内容包括以爱国主义为核心的民族精神、以改革创新为核心的时代精神和社会主义核心价值体系。社会主义的政治、经济、文化、教育体系是承载社会主义先进文化的载体。

社会主义先进文化具有以下四个基本特征。一是继承性。中华民族优秀传统文化源远流长，有着丰厚的底蕴和中华文明特有的特色。经过几千年的沧桑岁月，能紧紧把全国各族人民凝聚在一起的，是绵延不绝的中华文化。社会主义先进文化是在继承和弘扬中华优秀文化传统的基础上产生的文化，集中体现着全国各族人民在新的历史条件下的精神追求。丰富社会主义先进文化的宝库，必须持续按照古为今用、推陈出新的要求，对传统文化进行科学梳理、批判继承，在汲取积极元素的基础上努力实现创造性转化、创新性发展。二是人民性。人民立场是我们党的根本立场，全心全意为人民服务是我们党的根本宗旨，这就决定了我们要发展的文化必然是以人民为中心的文化。而社会主义先进文化来源于人民火热的社会生活，闪耀着人性的光辉，体现着人民的利益和愿望，是广大人民群众生产生活经验的深刻结晶。弘扬社会主义先进文化的根本目的就是要满足人民多层次、多方面的精神需要，所以它的服务对象只能是人民，而且必须是人民。离开人民，社会主义先进文化将成为无源之水、无本之木，失去灵魂。三是开放性。当今世界是多极世界，文化发展也呈现多样化趋势。当今世界又是互联互通的世界，任何一种文明都不可能孤立存在，不同文明的联系日益密切。文明因交流而多彩，因互鉴而丰富。作为有着五千多年优秀文化的文明古国，作为用马克思主义先进理论武装起来的社会主义政党，我们有着文化开放的厚实底气。同时，经济全球化的潮流已涌向全世界，封闭必然落后，开放才能进步，客观的形势也推动了我们必须有文化开放的勇气。发展社会主义先进文化一方面要坚持以我为主，博采众长为我所用；另一方面要在文化传播方面树立大国形象，积极弘扬光大中华文化，将中华优秀传统文化传播出去，使社会主义先进文化发展成为世界性的文化，为世界文明发展作出新贡献。四是时代性。文化是一条流淌着历史文明的长河，不同阶段的文化反映着不同历史发展阶段的特点特色。社会发展到哪一步，文明就应该推进到哪一步。当今的社会主义先进文化必然是反映着新时代中国特色社会主义特色的先进文化，这个文化是引领当代中国发展方向的先进文化，融入着时代的元素，包含着时代的内容，充满着时代的活力，是与时俱进的先进文化。社会主义先进文化只有坚持时代性，才能更具有穿透力和生命力，才能在更大程度上影响现代人的行为方式，推动现代社会的发展。

一个民族，物质上不能贫困，精神上也不能贫困，只有物质和精神都富有，才能成为一个有强大生命力和凝聚力的民族。弘扬社会主义文化的目的是建设社会主义精神文明，构建能够支撑实现中华民族伟大复兴的精神体系，在更高程度上坚持和发展中国特色社会主义。社会主义先进文化的作用主要体现在以下三个方面：一是巩固马克思主义指导地位。坚持以马克思主义为指导是社会主义先进文化的首要问题，也是其之所以先进的根本所在。反过来，社会主义先进文化又进一步丰富和发展着马克思主义，进一步巩固着马克思主义的指导地位。马克思主义在意识形态领域的指导地位是近百年来我国发展的历史结论，也是现实必然。以马克思主义为指导思想的社会主义先进文化理所当然成为我国先进意识形态的重要载体和传播渠道。弘扬社会主义先进文化就是在宣扬马克思主义和巩固马克思主义的意识形态主阵地地位。弘扬社会主义先进文化，就是通过宣传科学理论，倡导科学精神，传播先进文化，把全国人民紧紧团结在党的旗帜下，坚定主心骨，把准定盘星，筑牢全体人民共同的思想基础、凝聚团结奋进的强大精神力量，为社会主义建设提供强大精神动力和智力支持。二是促进人的全面发展。当前，我国社会主要矛盾已经转化为人民日益增长的美好生活需要和不平衡不充分的发展之间的矛盾。经过新中国成立70多年尤其是改革开放40多年的发展，小康社会已经全面建成。人民群众在解决基本温饱后，自然会把注意力转向精神层面的需求，要求能够提供更多更丰富的文化产品来进行精神享用。人民群众对美好生活的向往就是我们党的奋斗目标。建设社会主义先进文化正是对满足人民精神文化需求的有效回应。我们要对不同阶层、不同群体的人民需求进行精准分析，有针对性地创造文化产品，提供文化服务，争取做到既能满足人民的精神文化生活需求，又能引导人们形成正确的世界观、人生观、价值观，促使人的全面发展和社会的健康发展。三是增强我国综合国力。综合国力是一个主权国家所拥有的包括物质力量和精神文化力量在内的全部实力及国际影响。综合国力的比较和竞争，外在表现上拼的是经济、军事实力，实则内在拼的是政治制度和文化实力，而政治制度实质上也是文化的一种抽象表达。社会主义先进文化是社会主义软实力的集中体现，对内可以坚定人民理想信念，激励人民的干劲士气，提振人民的精气神，对外可以有效抵制资本主义腐朽思想文化的冲击和影响，使我国始终处于文化软实力的制高点。尤其是我国正处于由大向强的发展阶段，在将强未强时，与世界各先进国家在政治、经济、社会等方面的竞争日趋加剧。越是关键阶段越应该大力加强社会主义先进文化建设，为经济、军事发展提供深厚的底蕴支撑，进而增强我国与世界强国一决高下的综合竞争力。

（三）社会主义核心价值观

社会主义核心价值观是社会主义核心价值体系的内核，体现社会主义核心价值体系的根本性质和基本特征，反映社会主义核心价值体系的丰富内涵和实践要求，是社会主义核心价值体系的高度凝练和集中表达，凝结着全体人民共同的价值追求，是巩固全党全国各族人民团结奋斗的共同思想道德基础。

党的十八大提出了“倡导富强、民主、文明、和谐，倡导自由、平等、公正、法治，倡导爱国、敬业、诚信、友善，积极培育和践行社会主义核心价值观”的要求。“富强、民主、文明、和谐”是我国社会主义现代化国家的建设目标，也是从价值目标层面对社会主义核心价值观基本理念的凝练，在社会主义核心价值观中处于最高层次，对其他层次的价值理念具有统领作用。“自由、平等、公正、法治”是对美好社会的生动表述，也是从社会层面对社会主义核心价值观基本理念的凝练，反映了中国特色社会主义的基本属性，是我们党矢志不渝、长期实践的核心价值理念。“爱国、敬业、诚信、友善”是公民基本道德规范，是从个人行为方面对社会主义核心价值观基本理念的凝练，覆盖社会道德生活的各个领域，是公民必须恪守的基本道德准则，也是评价公民道德行为选择的基本价值标准。三个“倡导”，从国家、社会、公民三个层面，概括了社会主义核心价值观的价值目标、价值取向和价值准则，勾绘出了国家的价值内核、社会的共同理想和亿万人民的精神家园，集中回答了我们要建设什么样的国家、建设什么样的社会、培育什么样的公民的重大问题。

社会主义核心价值观与我们党的治国理政理念相一致。党的十八届五中全会提出了创新、协调、绿色、开放、共享的新发展理念。创新是发展动力，协调是发展方式，绿色是发展要求，开放是发展格局，共享是发展目标。社会主义核心价值观立足于中国特色社会主义的伟大实践，蕴含着以人为本、科学发展的要求，其内核与党的治国理想理念高度吻合。社会主义核心价值观与中国特色社会主义发展要求和国家治理体系现代化要求相契合。社会主义核心价值观反映了对共产党执政规律、社会主义建设规律、人类社会发展规律的深刻认识，是推进中国特色社会主义制度和国家治理体系现代化的最深厚力量。党的十八大以来，党领导人民统筹推进“五位一体”总体布局、协调推进“四个全面”战略布局，推动中国特色社会主义制度更加完善、国家治理体系和治理能力现代化水平明显提高，实现了国家政治稳定、经济发展、文化繁荣、民族团结、人民幸福、社会安宁。这些成就的取得源于党的正确领导、人民的辛勤付出，也源于培塑社会主义核心价值观营造出的良好环境。社会主义核心价值观与中华优秀传统文化相承接。社会主义核心价值观不是孤立存在的，也不是闭门造出来的，而是从中华民族五千多年深厚历史文化积淀中提炼总结出来的，既蕴含着前人智慧，又体现着时代特征，是当代中国精神的集中体现，能够极大地激发人民群众的积极性、主动性、创造性，把价值力量转化为人民群众共同奋斗的物质力量。以社会主义核心价值观为主要内容的社会主义核心价值体系是真正能够引领当代中国发展进步的价值体系。

培育社会主义核心价值观有着重要作用，它是在世界文化激荡中保持民族精神独立的精神支撑。核心价值观是精神支柱，是行动向导，对丰富人们精神世界、建设民族精神家园，具有基础性、决定性作用。当今世界正面临百年未有之大变局，西方一些国家为转移国内经济发展乏力、社会各类冲突不断涌现的现实矛盾，又开始大肆在意识形态和价值观领域进行渲染，故意挑起东西方文明之争、制度之争。尤其是在一些敏感问题上对我发难，在一些关键核心领域对我打压，意图压制我和平崛起。面对这些精神文明领域的较量，我们必须有清醒认识并做好打持久战的准备，始终保持战胜敌人的昂扬斗志和锐气，在敌对势力对我文化和文明攻击前敢于亮剑，使中华民族在世界文化激荡中始终保持民族精神独立。同时，培育社会主义核心价值观是夯实党团结带领全国人民共同奋斗思想基础的奠基工程。当前，我国正处于改革攻坚期、发展关键期。随着市场经济体制的快速转型，面对物质利益的诱惑和各种资产阶级腐朽文化的侵蚀，人们的思想意识形态和价值观念容易出现失衡，社会也容易出现主流文化缺失，导致发生主流信仰危机。积极培育和践行社会主义核心价值观，把人民大众的思想凝聚到马克思主义意识形态之下，使之始终保持对科学指导理论的清醒认同，使马克思主义能够始终正确引领我国文化发展潮流，构筑起强大的社会主义先进文化体系，夯实全国人民共同奋斗思想基础，为建设新时代中国特色社会主义提供坚实思想保证。

三、新时代推动红色基因社会化的极端重要性

经济全球化已成为当今世界的重要特征。经济与政治、文化始终是相伴相生的，经济形态的发展和转变过程必须伴随着政治和文化的迁移与扩散。近代以来，以美国为代表的西方国家捕捉到了这一趋势，以经济全球化为契机大力输出意识形态、价值观念，诋毁我国的社会主义制度，尤其是对党绝对领导下的人民军队鼓吹“军队非党化、非政治化”“军队国家化”，企图将人民军队从党的旗帜下拉走。这些带有明显错误指向性的言论一定程度上造成了人们意识形态领域的模糊甚至混乱。严峻的形势要求我们必须勇于直面这些问题，积极探寻应对之策。红色基因植入社会生活的模式提供了应对意识形态领域问题的解决之道，它能够从思想深处牢固共产主义伟大理想和中国特色社会主义共同理想，确保新时代中国特色社会主义始终沿着正确的方向前进。

（一）确保红色江山永不变色的必然要求

《共产党宣言》运用辩证唯物主义和历史唯物主义分析生产力与生产关系、经济基础与上层建筑的关系，论证了资本主义必然灭亡和社会主义必然胜利的规律，指出共产主义运动将成为不可抗拒的历史潮流，是马克思主义诞生的重要标志。《共产党宣言》论述了共产主义的科学性和最终实现

共产主义的必然性。实现共产主义是世界历史的必然走向和最终归宿，是中国共产党的最高理想。作为中国工人阶级、中国人民和中华民族的先锋队，自1921年诞生以来，党就始终把实现共产主义镌刻在自己的旗帜上，并为实现这一崇高理想而不懈奋斗。但是，实现共产主义不是坦途，一路相伴的不是鲜花掌声，而是血腥的杀戮和无情的打压。党领导人民历经28年艰苦卓绝的斗争，推翻了帝国主义、封建主义和官僚资本主义“三座大山”的统治，实现了民族独立和人民解放。28年的艰苦斗争中，无数共产党人和人民群众献出了宝贵的生命。红色江山的“红色”不是与生俱来的，也不是用化学原料染红的，而是用牺牲的共产党人和革命先辈的鲜血染红的，这个红色是共产党人生命的底色，也是中华人民共和国的底色。因为来之不易，所以必须倍加珍惜。党的十八大以来，习近平总书记对传承红色基因、培塑红色文化高度重视。2020年9月16日，习近平总书记在湖南郴州汝城县文明瑶族乡沙洲瑶族村参观完“半条被子的故事”专题陈列馆后，强调要用好这样的红色资源，讲好红色故事，搞好红色教育，让红色基因代代相传。2020年6月10日，习近平总书记在宁夏考察工作时指出，要用红军长征在宁夏留下的弥足珍贵的红色记忆等红色资源，教育党员、干部传承红色基因、走好新时代长征路。要确保社会主义红色江山永不变色，就必须旗帜鲜明讲政治，对一些别有用心者利用互联网发表否定马克思主义指导地位、否定中国共产党领导的言论，妄图否定党领导人民英勇奋斗的光荣革命史、淡化共和国鲜红底色的言行，要坚决予以抵制和批判，绝不允许随声附和甚至助纣为虐。对一些理想信念不坚定、政治立场摇摆、政治定力不牢的党员、干部，要结合当前正在开展的党史、新中国史、改革开放史和社会主义发展史学习教育，主动开展教育帮扶，引导其从历史深处、理论高处认识党执政的正确性、合理性，进一步坚定理想信念，做到在大是大非面前始终保持头脑清醒和政治坚定，自觉做共产主义远大理想的坚定信仰者和忠实实践者，把全部实践都建立在马克思主义理论基础之上。对广大的普通群众，要坚持经常用党的创新理论武装头脑、指导工作，用镌刻着中国共产党人红色基因的红色文化影响、培养、塑造一批批合格的社会主义接班人，并把广大人民凝聚在党的旗帜下不懈奋斗。对一些错误思想和言论，每一名共产党员、人民群众都应充分发扬斗争精神，予以坚决否定和打击。否则就会使党忘记从哪里来，进而迷失前进的方向，甚至有可能发生变质变色的危险，丧失共产党的执政资格和地位。

（二）实现中华民族伟大复兴的客观要求

习近平总书记在参观《复兴之路》展览时向全世界庄严宣示："实现中华民族伟大复兴，就是中华民族近代以来最伟大的梦想。"①这个梦想必须在中国共产党的领导下才能实现，也只有在中国共产党的领导下才能实现。党领导下的民族复兴历史进程，就是在以红色基因为主导的先进红色文化引领下不断推进社会主义现代化建设的历史进程。红色文化体现人民和时代要求，是近代以来中华民族同仇敌忾、抗敌御辱的精神纽带，也是推动中华文明号巨轮劈波斩浪、驶向复兴彼岸的最深沉力量。只有依靠这个精神力量，才能把广大中国人民从根本上团结起来、组织起来，才能形成强大的中国力量。今天的中国，国内生产总值已突破 100 万亿元人民币，稳居世界第二，人均国民生产总值连续突破 1 万美元。我国大国外交格局基本形成，中国声音、中国方案越来越受到世界重视，越来越影响到世界更多的人和更多的国家。我国政治、经济、社会、文化、生态和国防等都取得了长足发展，综合国力得到极大提升，正逐步走向世界舞台中央。任何一个国家的崛起之路都不是一条平坦的大道，都会充满各种艰难险阻，稍有不慎就有可能中断复兴进程。现在，我国已走到了历史的关键

① 《习近平著作选读》第一卷，人民出版社 2023 年版，第 63 页。

处，处在将强未强、蓄力奋起的历史阶段，但来自西方资本主义国家的打压和挑衅已是接踵而至。美国在5G、人工智能、先进装备制造等领域对我的打压不遗余力，甚至以各种威胁要求其他国家一致对我，手段下劣卑鄙。在我国内部，经济发展不平衡不充分的矛盾凸显，虽然解决了全民小康、全面小康，但贫富差距拉大的趋势并没有得到明显改变。新冠疫情得到有效控制，但疫情反弹的风险现实存在，在防疫压力下经济发展虽略好于往年，但总体还处于恢复性发展阶段。在新技术革命前夜，新的经济增长点亟待开掘，新的产业形态也亟待催生。我们党作为长期执政的大党，在新形势下面临着“四大考验”和“四大危险”，保持党的先进性和纯洁性的任务艰巨。如此多的国际国内因素叠加，要求我们必须进行许多具有新的历史特点的伟大斗争。站在“两个一百年”奋斗目标的历史交汇点上，全党同志必须大力弘扬好以红色基因为内核的红色革命文化和红色优良传统，以守土有责、守土负责、守土尽责的责任担当，在矛盾面前敢于迎难而上，在危机面前敢于挺身而出，在消极腐败面前敢于自我革命，才能支撑党和国家的事业不断前进。全体人民必须深刻而清醒认识到，经过历史沉淀和检验的红色基因是中国共产党人鲜明的政治标识、思想品格，其植入社会生活所形成的爱国主义、集体主义、英雄主义等，经过社会化宣扬和培塑后已成为全国人民共有的精神财富。正是因为有以红色基因为主要元素的这些精神财富，共产党人才能用共同的信念信仰和文化追求，激励广大人民一道不懈奋斗、奋发图强，为加速实现中华民族伟大复兴贡献力量。

（三）激励社会主义价值认同的有效途径

任何事物都必须随着历史前进而不断发展，否则就会出现主观与客观脱节，失去持续推动历史前进的动力。红色文化是红色基因社会化过程中融入时代元素，形成的符合于时代特点、能够滋养人民群众红色情操、推动时代发展的文化，体现着马克思主义的执政规律和中国共产党的执政要求。自红色文化诞生以来，不同时期的红色文化担负的阶级使命和任务不同，因此其激励的社会价值认同也就不尽相同。新民主主义时期的红色文化是一种无产阶级革命的文化，革命战争实践是培育这种文化的土壤，也是践行这种文化的平台和舞台。社会主义建设时期的红色文化主要是一种集中力量搞建设的文化，社会主义建设实践是培育这种文化的土壤。进入新时代，红色文化的主要功能就是为党领导亿万人民全面建成小康社会、实现中华民族伟大复兴提供精神力量。红色文化并不是虚无缥缈的文化，而是在实践基础上总结提炼出来的、反过来又能够指导革命和建设实践的文化，时代性和实践指向性是其鲜明特征。因此，在党领导革命、改革和建设的不同阶段，红色文化都能表现出强烈的实践引导力和精神感召力，能够激励起广大人民的社会主义价值认同，成为推动社会发展进步的最深沉的力量。红色文化要在建设新时代中国特色社会主义进程中发挥重要作用，就必须首先与新时代中国特色社会主义建设的伟大实践结合起来，积极培塑能够有效滋养人民群众红色情操、激励人民群众社会主义价值认同的先进文化。我们党要善于用这一先进文化影响和凝聚起人民群众的建设热情，引导人民群众将全部智慧和精力都投入到火热的新时代中国特色社会主义现代化建设中去。广大人民群众正是将红色文化内化于心、外化于形，站在无产阶级奋斗的立场去正确认识党的奋斗历史，才对共产党执政理念给予高度的政治认同，对建设有中国特色的社会主义的给予高度的情感认同。政治认同、情感认同共同作用，形成了对共产党行为方式、执政规律和社会主义发展模式的价值认同。红色基因正是通过社会化培塑，形成了适应时代特点的时代精神，才更有效地激励起了人民群众的社会主义价值认同，从而引领人民群众积极投身建设新时代中国特色社会主义的伟大事业并为之不懈奋斗。

（四）打赢意识形态领域主动仗的现实需要

意识形态是对应于相应经济基础和经济制度的一种精神层面的产物，不同的意识形态对应着对事物的不同理解和认知，尤其体现在政治制度和价值观方面。意识形态源于社会存在，寄存于各种文化当中并通过一定的文化现象表现出来。红色文化是在中国共产党领导下，广大人民群众共同创造的具有中国特色的先进文化。红色文化的性质决定了其蕴含的意识形态必然是社会主义的意识形态，而社会主义的意识形态也往往决定着社会主义文化的前进方向和发展道路。党的十九大报告明确指出："必须推进马克思主义中国化时代化大众化，建设具有强大凝聚力和引领力的社会主义意识形态，使全体人民在理想信念、价值理念、道德观念上紧紧团结在一起。"①我们党历来重视意识形态工作，始终坚持党管意识形态的原则，强化意识形态姓"党"的意识。党领导的意识形态工作是为国家立心、为民族铸魂的工作，必须把统一思想、凝聚力量作为意识形态工作的中心环节。宣传思想舆论工作是党抓意识形态工作的一个基本途径，也是党领导打赢意识形态领域主动仗的主战场。首先要把好入口关。对一些扰乱视听、消解人民斗志的错误、消极思想言论，要毫不犹豫斩断其传播途径和渠道。对出版机构而言，要建立起一支政治素质好、业务过硬的编校队伍，严格视频、书籍等出版前的审核把关，有政治问题的一律不予刊用；对一些非法传播出版机构则要坚决打击，该取缔的坚决取缔，该查封的坚决查封，该追究法律责任的坚决追究法律责任。其次要把好应对关。习近平总书记强调指出："宣传思想工作就是要巩固马克思主义在意识形态领域的指导地位，巩固全党全国人民团结奋斗的共同思想基础。"②

① 《十九大以来重要文献选编》上，中央文献出版社 2019 年版，第 29 页。

② 《习近平著作选读》第一卷，人民出版社 2023 年版，第 147 页。

这为我们应对回击历史虚无主义明确了方向指引。一段时间以来，一些网络黑手、水军在敌对势力蛊惑利用下兴风作浪。他们以各种名目贬损党的领袖、革命先烈，以各种手段歪曲丑化党领导人民创造的辉煌历史，妄图让中国重蹈历史上一些社会主义国家改旗易帜、亡党亡国悲剧的覆辙。同历史虚无主义作斗争，主动出击打赢意识形态领域主动仗，必须高度重视红色文化在影响人、塑造人、培育人方面的功能作用，通过将红色基因深入骨髓、植入血脉来固牢理想信念，守好价值标准。以马克思主义为指导的红色文化，是党的创新理论在精神层面的重要体现方式，也是用科学理论和方法阐释我们建党立国和长期执政正确性的重要方式。以红色文化为主要内涵的社会主义核心价值观，是强化对人民群众教育引导和实践养成，做大做强我主流意识形态，有力抵制各种错误观点和思潮侵蚀的主要抓手。同历史虚无主义作斗争，打赢意识形态领域主动仗，就必须大力弘扬社会主义红色文化，加强人民群众党史、新中国史、改革开放史和社会主义发展史教育，让人民群众从历史深处认识中国共产党执政的合理合法性，坚定中国共产党执政的长期性。就必须大力培塑社会主义核心价值观，让人民群众深刻认识到爱国主义的本质是坚持爱党、爱国、爱社会主义的高度统一，坚定在中国共产党正确领导下推进社会主义现代化建设的信念，有效增强人民群众坚持党的领导、坚持走中国特色社会主义道路的信心。

第六章　红色基因在人民军队的培植与传承

中国人民解放军是党缔造和领导的人民军队，能否始终传承和保持我党我军的红色基因，关系军队的性质宗旨和生死存亡，关系党和国家事业的兴衰成败，关系社会主义红色江山会不会改变颜色。以习近平同志为核心的党中央始终高度重视这一问题，把它作为建军治军要害之一，反复强调必须把红色基因融入官兵血脉、代代相传。党的十九大明确提出，军队要开展“传承红色基因、担当强军重任”主题教育，培养“四有”新时代革命军人，永葆人民军队性质宗旨本色。站在新的历史起点上，人民军队必须深刻学习领会，坚决贯彻执行，积极躬身实践，努力使革命先辈们用鲜血和生命铸就的红色基因不断薪火相传、永远发扬光大。

一、人民军队传承红色基因的重要性紧迫性

在长期的革命、建设和改革实践中，我党我军形成了极具鲜明革命进步特质的红色基因。我党我军的红色基因，作为我党我军性质宗旨的集中

体现，承载着我党我军光辉的历史，凝结着我党我军的经验、情感和智慧，是我党我军特有的政治优势、宝贵的精神财富和丰厚的政治资源。始终传承和保持我党我军的红色基因，是我们党的一贯思想和基本要求，也是我军的一项基础性工作。中国特色社会主义进入新时代，习近平总书记反复强调这一问题，不断要求大力弘扬，人民军队在正本清源、传承红色基因中实现了重构重塑、焕然一新，由此着力传承红色基因成为管党治军的鲜明特色和成功经验。大力传承红色基因，是新时代政治建军的战略任务和基础工程，对于激励广大官兵不忘初心、忠诚使命、不懈奋斗，坚定不移走中国特色强军之路，如期实现建军一百年奋斗目标，加快把人民军队建成世界一流军队，具有重要意义。

（一）亟须实现自我净化提纯的现实要求

一部人民军队创建定型、发展壮大的历史，就是一部以鲜血和生命培育和传承我党我军特有的红色基因的历史。在我党我军红色基因的决定和滋养下，新型人民军队从无到有、从小到大、从弱到强，在战斗中成长壮大，在继承中创新发展，不断从胜利走向了胜利。我军以走在前列的标准和精神，当标杆作榜样，引领时代风尚，一路披荆斩棘，始终保持了人民军队的性质宗旨本色，始终赢得了党和人民的信任信赖。我党我军的红色基因融入了一代代革命军人的血脉之中，成为我军世代传承的红色基因和无往不胜的传家法宝。在看到主流的同时也应看到，一段时期以来，一些红色基因面临着被削弱甚至是断裂、“变异”的危险与挑战，培植坚持、传承弘扬面临的形势不容乐观，极其严峻。

“善治病者，必医其受病之处；善救弊者，必塞其起弊之源。”分析原因根源，从客观上讲，国际共产主义运动遭受严重挫折，社会主义出现了“万花纷谢一时稀”的局面；我国经济社会的剧烈转型、党所处历史方位的重大转变、官兵成分的复杂变化、不同传统的交流对话，对坚持发扬我党我军红色基因形成了一定的冲击和影响。从主观上讲，也与一些单位红色基因传承教育内容脱离时代、形式保守传统、质量良莠不齐有着直接关系。更有甚者，有的党员领导干部不仅没有带好头示好范，而是背道而驰，对我党我军的形象和建设发展的损害是全面的、深层次的，对红色基因培植传承的危害是极为严重的。

历史实践证明，红色基因是我军区别于其他军队的本质特征、最大政治优势、军事优势和作风优势，是我军之所以能够战胜一切艰难困苦、打败国内外一切敌人的力量源泉和决定因素。党的十八大前的一段时期内我党我军建设发展中出现的一些问题值得高度关注和警觉：根子上的东西必须守住，如果不能坚守，军队就会失魂落魄、乱象丛生；传统上的优势不能丢，如果丢掉了，军队就会无所适从、变质变色；工作上的力度不能减，如果放松了，军队就会自废武功、分崩离析。这就要求，必须充分认清红色基因流失变异问题的严重危害性和大力弘扬的现实紧迫性；必须正本清源、激浊扬清，大力传承红色基因，坚守性质宗旨本色，以勇于自我革命的精神打造锤炼自己，在新的起点上重整行装再出发。

（二）有效抵御敌对势力西化分化图谋的迫切需要

长期以来，西方一些敌对势力对我国实施西化分化的图谋从没停止过。苏联解体、东欧剧变后，他们自以为得计，把我军作为西化、分化的重点，想尽一切办法、利用一切机会进行意识形态的渗透和破坏。他们经常利用一些重要时间节点和历史事件散布“非毛化”“非红化”“非党化”“非政治化”等错误思想观点，以及历史虚无主义言论、新版“中国威胁论”和“中国崩溃论”，妄图在认识层面搅乱党、政、军三者之间的关系，将军队的政治属性与国家属性对立，以“政治转基因”替代我党我军代代相传的红色基因，借“颜色革命”污染人民军队的鲜红底色，通过“文化掘根”“解构英模”等方式诱导青年官兵思想混乱、丧失自信，企图割断我党我军独一无二的红色“脐带”。可以说，铸魂与蛀魂、固根与毁根的较量一刻也没有停歇，并且日益隐蔽化、大众化和精制化，欺骗性、隐蔽性、蛊惑性和渗透性非常强。同时，国内也有一些别有用心的人，公然挑战党的执政地位和“党指挥枪”的原则，利用各种舆论工具，打着所谓“民主政治”“公器公用”的帽子抛售所谓“宪章”“宪政”等主张。发扬我党我军优良传统、传承红色基因，我军面临着外部敌对势力渗透破坏和内部消极因素影响冲击的严峻双重考验。

受此影响，有的人对红色基因的真理性、合理性心存疑问，认为“共产主义太远了，社会主义太长了，马克思主义太旧了”，我党我军不用保持原来的底色样貌了，他们认为这是革命战争年代形成，并不适用于和平建设时期，更不论现已进入全球化、信息化、智能化的历史新阶段。甚至有的打着“反思”的幌子歪曲我党我军历史，有的对我党我军历史认识片面，有的对军队的职能地位作用、军人的牺牲奉献精神缺乏正确认识，有的国防意识淡化，有的质疑军政军民团结的光荣历史和优良传统，有的污蔑革命先辈、诋毁抹黑军人形象，如此等等。

若上述言论和认识形成主导，就会从根本上否定党的先进性和军队的人民性，割裂党、军队和人民血肉关系，否定党领导和执政的合法性，进而也就否定了党领导下的我军的红色基因。必须高度警惕和重视，在及时予以反击批驳、依法追责的同时，积极作为，主动作为，大力传承先辈先烈守望信仰、赤胆忠诚的红色基因，确保在增强“四个意识”、坚定“四个自信”、做到“两个维护”，牢铸永远不变的军魂中，始终掌握“制脑权”和意识形态斗争的主动权、主导权。

（三）深入贯彻党中央重大决策部署的必然要求

党的十八大以来，以习近平同志为核心的党中央，高度重视我党我军红色基因的传承弘扬问题。党的十八大闭幕后，在首次召开的军委常务会议和军委扩大会议上，习近平总书记都突出强调了这一点，要求必须始终保持我军光荣传统和优良作风，“引导官兵强化忧患意识、危机意识、使命意识，做到信念不动摇、思想不松懈、斗志不衰退、作风不涣散，始终保持坚定的革命意志和旺盛的战斗精神”①。此后他几乎逢会必讲传统，反复要求学传统、爱传统、讲传统。

2013 年 2 月，视察原兰州军区时，习近平总书记首次提出了红色基因问题。他指出，西北地区红色资源丰富，是延安精神的发源地，要发扬红色资源优势，深入进行党史军史和优良传统教育，把“红色基因”一代代传下去。

此后，他在多种重要场合，以及到各地包括部队视察时发表重要讲话，红色基因、红色传统都是口中的高频词，反复叮嘱把红色基因融入官兵血脉、代代相传。

与此同时，习近平总书记以身作则、以上率下，紧紧抓住铸牢军魂、立起理想信念、党性原则和战斗力标准，大力培育战斗精神等问题，重振政治纲纪，重塑政治生态，大力推进人民军队的红色基因培植和传承工作，大力弘扬我党我军的光荣传统和优良作风。经过扎实努力，我党我军红色基因得到了有效的坚持，光荣传统和优良作风得到有力发扬，新风正气不断上扬，政治生态明显好转，提振了军心士气，重塑了军队形象。当然，基因的修复、培植和弘扬决非一朝一夕之事，作风问题具有顽固性和反复性，特别是在和平执政条件下实现自我革命更是世界性难题。党内存

---

① 《习近平谈治国理政》第一卷，外文出版社 2018 年版，第 217 页。

在的思想不纯、组织不纯、作风不纯等突出问题尚未得到根本解决，全面从严治党还远未到大功告成的时候；巩固取得的成果、扩大胜势还要付出艰苦努力，人民军队传承红色基因仍面临着复杂多变的形势。

党的十九大报告，开宗明义就强调不忘初心、牢记使命；在决策部署军队工作时，又明确提出，军队要开展“传承红色基因、担当强军重任”主题教育，培养“四有”新时代革命军人，永葆人民军队性质宗旨本色。党的十九大后，习近平总书记马上带领中央政治局常委瞻仰党的一大会址，面对党旗重温誓词，号召全体党员牢记入党誓词，做到终身坚守、终生不渝，并鲜明指出：“只有不忘初心、牢记使命、永远奋斗，才能让中国共产党永远年轻。”“唯有不忘初心，方可告慰历史、告慰先辈，方可赢得民心、赢得时代，方可善作善成、一往无前。”①

2018 年 6 月，中央军委印发《传承红色基因实施纲要》。《纲要》全面贯彻习近平新时代中国特色社会主义思想和党的十九大精神，深入贯彻习近平强军思想，明确了传承红色基因的指导思想、基本原则、着力重点和主要工作。《纲要》指出，大力传承红色基因，是新时代政治建军的战略任务和基础工程，对于激励官兵铭记历史、不忘初心、牢记使命、不懈奋斗，奋力实现党在新时代的强军目标、把人民军队全面建成世界一流军队，具有重要意义。要着眼培养“四有”革命军人、锻造“四铁”过硬部队，扭住强固精神支柱、对党绝对忠诚这个根本，把握突出固根铸魂、聚力备战打仗、强化问题导向、注重融入实践、坚持创新发展的基本原则，深扎信仰之根，以史鉴今育人，用好红色资源，强化实践砥砺，推动红色基因融入官兵血脉，确保我军血脉永续、根基永固、优势永存，为推进新时代强军事业提供政治滋养和强大动力。

---

① 《习近平在瞻仰中共一大会址时强调　铭记党的奋斗历程时刻不忘初心　担当党的崇高使命矢志永远奋斗》，《人民日报》2017 年 11 月 1 日。

党的二十大对全党提出明确要求，“坚持理论武装同常态化长效化开展党史学习教育相结合，引导党员、干部不断学史明理、学史增信、学史崇德、学史力行，传承红色基因，赓续红色血脉。”同时，要求军队“深化党的创新理论武装，开展‘学习强军思想、建功强军事业’教育实践活动。加强军史学习教育，繁荣发展强军文化，强化战斗精神培育”①。

党中央、中央军委和习近平总书记的战略部署、系统谋划和实践举措，行大道、正人心、凝合力，为全党全军澄清模糊认识，明辨是非曲直，统一思想意志行动，定下了清晰的总基调，立起了鲜明的旗帜引领，也为人民军队培植和传承红色基因提供了基本遵循、行动指南，甚至是明确具体的施工图路线图。必须提高政治站位，树立历史眼光，坚持问题导向，坚决把思想和意志统一到党中央、中央军委和习近平总书记的决策部署上来；必须在行动上紧紧跟上强军兴军的实践步伐，切实把习近平总书记的决策部署落地落实落到位，努力把理想信念的火种、红色传统的基因继承下来、传承下去，使其不断焕发出强大活力和勃勃生机。

（四）坚决完成新时代使命任务的时代要求

今天，中国正处在实现中华民族伟大复兴的关键历史节点，前景十分光明，挑战也十分严峻，面临着许多由大向强发展进程中无法回避的风险挑战。强国必须强军，军强才能国安。党和人民赋予了人民军队新时代使命任务，党的二十大对实现建军一百年奋斗目标、开创国防和军队现代化新局面作出一系列战略部署，指明了新时代新征程上推进强军事业的前进方向。站在新的历史起点上，人民军队使命光荣，任务艰巨，责任重大。

---

① 习近平：《高举中国特色社会主义伟大旗帜　为全面建设社会主义现代化国家而团结奋斗——在中国共产党第二十次全国代表大会上的报告》，人民出版社2022年版，第65、55页。

必须大力培植和传承我党我军的红色基因，永葆人民军队的性质宗旨本色，不断提高现代化水平和新时代备战打仗能力，为新时代坚持和发展中国特色社会主义、实现中华民族伟大复兴提供强有力的战略支撑。

一个缓慢发展的社会，基因和传统的继承弘扬问题并不显得十分突出；只要是剧烈变革的时代，基因和传统就会成为一个重大问题，成为人们思考追问与抉择的历史性课题。并且，每逢重大历史转折时期，也是基因和传统传承发展与离经叛道都可能发生的考验时期。可以预期，随着新技术、新材料、新能源、新制造、新金融的快速发展和广泛运用，未来一段时间将是人类社会发生结构性变化的历史时期，世界的变化可能远远超出想象，战争形态和军队面貌的变化也将远远超出想象。在这样一个充满变数的时代，我军成长壮大所面临的环境条件也将日趋复杂，冲击影响我军红色基因传承、弱化我军党性人民性的因素也将异常复杂。

更应看到，不论发生何种程度的革命性变化，不论未来庞大的、整体的全新体制将以何种规则来运行，人类社会发展的共产主义方向不会变；战争是政治继续的本质、军事服从政治的规律不会变；在实现中华民族伟大复兴历史进程中，国防和军队建设是国家安全的坚强后盾，军事手段是实现伟大梦想必不可少的保底手段，打赢能力永远是维护国家安全的战略能力。这就要求我们这支军队必须永远是党的军队、人民的军队。同时，一个大国的崛起，都有其内在文化基因的传承；一支军队的强大，必然是始终坚守政治文化基因、高扬传统作风的旗帜。

一支不记得来路的军队，是没有出路的；一支精神血脉长存的军队，是不可战胜的，这是世界各国军队建设发展的通则。我军成长壮大的历史也充分证明，呵护好、传承好、捍卫好红色基因，就能始终保持官兵理想信念、战斗精神旺盛，就能经受各种艰难考验，始终保持正确的政治方向，就会有光明的未来。越是往前走，越是要警惕红色基因缺失的危险，精神谱系不能断档，更不能被打乱，甚至是抛弃。在我军建设发展的基本思想理念、根本原则制度，也就是红色基因的培植和传承问题上，必须保持战略定力和政治定力，决不能有任何含糊、迟疑和动摇，决不能犯战略性、颠覆性的错误，坚定不移走好中国特色强军之路。

二、新时代人民军队必须培植和传承的红色基因

我军的红色基因与党的既一脉相承，同根同源于马克思列宁主义，在本质上是一致的，又有所区别，是党的红色基因在我军的具体体现，是党和人民对军队提出的特殊要求，也是我军实践经验的总结和升华。

在缔造和领导人民军队进行革命战争的伟大实践中，毛泽东等老一辈无产阶级革命家创立和培育了我军的红色基因，主要是党对军队绝对领导的原则，全心全意为人民服务的宗旨，官兵一致、尊干爱兵的内部关系，高度自觉的革命纪律，艰苦奋斗的政治本色，大无畏的革命英雄主义和国际主义等。新中国成立后，毛泽东多次强调，要“发扬革命传统，争取更大光荣”①。邓小平主持军委工作时，针对“文革”对军队造成的影响，提出通过整顿把好传统好作风恢复起来，并多次强调要保持老红军的传统。江泽民、胡锦涛都一贯重视用优良传统作风教育部队，强调必须传承好弘扬好。2007 年，胡锦涛在庆祝建军 80 周年大会上指出：“人民解放军的优良革命传统，集中起来就是听党指挥、服务人民、英勇善战。”“听党指挥、服务人民、英勇善战，体现了人民解放军的性质、宗旨、本色，凝聚着党和人民对军队的重托和期望，是我们总结人民解放军八十年建军治军经验的基本结论。”②

① 《建国以来毛泽东文稿》第 2 册，中央文献出版社 1988 年版，第 430 页。

② 《胡锦涛文选》第二卷，人民出版社 2016 年版，第 596、599 页。

传统不是守住的炉灰，而是热情的火焰传递。红色基因既具有稳定性、继承性，又具有时代性、开放性和发展性。党的十八大以来，习近平总书记站在历史与时代的高度，既立根固本，又创新发展，在多次重要会议、多种重要场合总结提炼了我党我军的红色基因，并结合新的时代发展与时俱进地提出了许多新的要求。

（一）维护核心、听党指挥的绝对忠诚

党指挥枪是我们党在血与火的斗争中得出的颠扑不破的真理，党对军队的绝对领导是人民军队的建军之本、强军之魂。历史往往经过时间沉淀后才看得更加清晰。我军初创时期所确立的党对军队绝对领导的根本原则和制度，是人民军队完全区别于一切旧军队的政治特质和根本优势，对我党我军生存发展起到了决定性作用。坚持党对军队绝对领导是我军的军魂和命根子，必须永远不能变，永远不能丢。

之所以党对军队绝对领导是我军的军魂和命根子，是我军的命脉所在，这是因为：第一，党对军队绝对领导是人民军队区别于一切旧军队的政治特质和根本优势，这一根本原则和制度发端于南昌起义，奠基于三湾改编，定型于古田会议，丰富发展于党领导人民军队革命、建设和改革的伟大实践，经历了一次又一次斗争考验，具有历史必然性。第二，党对军队绝对领导是我军始终保持人民军队性质宗旨的根本保证。如果这个最根本的问题守不住，军队就会变质变色。第三，党的领导，是人民军队始终保持强大的凝聚力、向心力、创造力、战斗力的根本保证。早在井冈山斗争时期，毛泽东就指出，“红军所以艰难奋战而不溃散，‘支部建在连上’是一个重要原因”①。历史和现实都充分证明，我军之所以能够战胜各种艰

① 《毛泽东选集》第一卷，人民出版社 1991 年版，第 65—66 页。

难困苦、打败一切敌人，不断从胜利走向胜利，为党和人民建立不朽功勋，最根本的就是坚定不移听党话、跟党走。

坚持党对军队绝对领导不仅是建军之本、强军之魂，也是中国特色社会主义的本质特征，是党和国家的重要政治优势，是确保党长期执政、国家长治久安的根本法宝。十年内乱中，“四人帮”意欲插手军队借机夺权，但没有一支部队听他们调遣；和平年代里，军委一声令下，有的部队整体换防，有的甚至集体脱下军装，纵有万般不舍却都坚决执行。一路走来，人民军队既没被强大敌人压垮，也没被错误思潮冲垮，根本原因就是有坚决听党指挥这个“灵魂”。

传承红色基因，必须把这一条当作人民军队永远不能变的军魂、永远不能丢的命根子，全面贯彻党领导军队的一系列根本原则和制度，确保部队绝对忠诚、绝对纯洁、绝对可靠。抓军队建设首先要从政治上看，牢牢把握对党绝对忠诚要害在“绝对”二字，必须纯粹、彻底、无条件，不能掺任何水分和杂质。全面加强人民军队党的建设，确保枪杆子永远听党指挥；健全贯彻军委主席负责制体制机制；深化党的创新理论武装，开展“学习强军思想、建功强军事业”教育实践活动；加强军史学习教育，繁荣发展强军文化，强化战斗精神培育；建强人民军队党的组织体系，推进政治整训常态化制度化，持之以恒正风肃纪反腐。领导干部特别是高级干部，必须做对党最赤胆忠心、最听党的话、最富有献身精神的革命战士。

（二）社会主义、共产主义的理想信念

崇高的理想，坚定的信念，是中国共产党人的政治灵魂，是人民军队的精神支柱。我军自诞生以来，之所以能够战无不胜、攻无不克、发展壮大，关键是我们党始终坚持把进步的思想理论和革命精神贯注于部队，人民军队有马克思主义理论武装，有崇高理想信念，有为理想信念而英勇献

身的崇高追求。

经过漫长革命、建设、改革的奋斗历程，今日中国前所未有地靠近世界舞台中心，前所未有地接近实现中华民族伟大复兴的目标，前所未有地具有实现民族复兴的能力和信心，我们理应更加执着地坚定信仰信念，坚持地走中国特色社会主义道路。也应该清醒地看到，近些年来，有的人认为我们处于社会主义初级阶段，社会物质条件和人们思想觉悟都与共产主义要求相差甚远，甚至感到共产主义是虚无缥缈的，是一种人类社会的理想状态，是落不了地的遥不可及的空想，由此导致出现信仰危机，从根本上动摇了传承红色基因的自觉性、主动性和坚定性。理想信念是共产党人的精神之“钙”，没有灵魂，精神上就会缺钙，就会得软骨病，就会在风雨面前东摇西摆，甚至是信仰迷茫、精神迷失，经受不住前进道路可能遇到的千难万险的考验。现实生活中一些领导干部之所以患得患失、精神懈怠、不思进取，甚至走上贪赃枉法、变节投敌的不归路，说到底就是信仰缺失、精神迷失、思想精神上的免疫力下降所致。

革命理想高于天。理想信念动摇是最危险的动摇，理想信念滑坡是最危险的滑坡。新时代传承红色基因，必须把坚定官兵理想信念作为固本培元、凝魂聚气的战略工程，坚持不懈地用党的创新理论，特别是习近平新时代中国特色社会主义思想和习近平强军思想铸魂育人，努力培养“四有”新时代革命军人，锻造“四铁”过硬部队。始终坚定共产主义远大理想和中国特色社会主义信念，把中国特色社会主义一以贯之地坚持和发展下去。始终保持革命的精神状态，以党的自我革命推动党领导人民进行的伟大社会革命。始终忠于信仰、忠于组织、忠于党的理论和路线方针政策，在思想上、行动上自觉紧跟党的步伐，与党中央保持高度一致，无条件坚决执行党的方针政策，排除万难完成党和人民赋予的任务。领导干部特别是高级干部，更要真正信仰马克思主义、真正爱党爱国爱人民爱军队，在大是大非面前旗帜鲜明，在风浪考验面前坚如磐石，在各种诱惑面前不为所惑，在关键时刻挺身而出，以实际行动让党员和群众感受到理想信念的强大力量。

（三）勇于改革、敢于突破的创新意识

我们党创建新型人民军队后，坚持把马克思主义军事理论、中国革命战争和人民军队建设实践、中华传统兵法结合起来，逐步形成了一整套建军治军的原则和制度，创造了人民战争的战略战术，形成了我军的特有优势。历史表明，人民军队的成长发展史，就是一部波澜壮阔的改革创新史。改革创新、与时俱进，是人民军队不断发展的康庄大道。人民军队的力量来自改革创新，胜利来自改革创新，我军一路走来，边战边改，边建边改，愈改愈强。中国特色社会主义进入新时代，改革依然是强军的必由之路，是决定我军发展壮大、制胜未来的关键一招。党中央、中央军委和习主席以前所未有的决心和力度，大刀阔斧深化国防和军队改革，重构人民军队领导指挥体制、现代军事力量体系、军事政策制度，加快国防和军队现代化建设，裁减现役员额 30 万胜利完成，人民军队体制一新、结构一新、格局一新、面貌一新，现代化水平和实战能力显著提升，中国特色强军之路越走越宽广。

不忘本来才能开辟未来，善于继承才能更好创新。现在世情、国情、党情、军情都发生了深刻变化，世界正面临着百年未有之大变局，信息化智能化战争扑面而来，势不可当。党的二十大明确提出，如期实现建军一百年奋斗目标，加快把人民军队建成世界一流军队。当前和今后一个时期是国防和军队现代化建设的关键时期，锚定目标奋力前行，奋力开创改革强军新局面，我军需要破解的矛盾和克服的困难还有不少，更需激活和传承好红色基因，激发出全军官兵的创造活力，让敢闯、敢冒、敢试、敢为天下先的创新精神，让敢于担当、奋发有为、只争朝夕的创业精神，让

自立自强自信、不怕失败、奋勇向前的拼搏精神不断激发出来，除暮气、扬朝气，不断推进我军建设高质量发展，加快军事理论现代化、军队组织形态现代化、军事人员现代化、武器装备现代化，提高捍卫国家主权、安全、发展利益战略能力，有效履行新时代人民军队使命任务。

新时代必须全面实施改革强军战略，实施创新驱动发展战略，用新理念新思路牵引强军兴军新跃升。要像革命战争年代那样认真研究军事、研究战争、研究打仗，总结开掘我军的治军之道、胜战之策，研究掌握信息化智能化战争特点规律，创新军事战略指导，发展人民战争战略战术。全面加强军事治理，巩固拓展国防和军队改革成果，完善军事力量结构编成，体系优化军事政策制度。像我军以前历次的改革创新、自我革命一样，以铁的信念，进一步提振信心、凝聚共识、激发热情，战胜改革转型带来的困难挑战；以铁的担当，深入解决制约国防和军队建设的体制性障碍、结构性矛盾、政策性问题，进一步解放和发展战斗力，进一步解放和增强军队活力；以铁的纪律，闻令而动、听令而行，不折不扣执行好党中央、中央军委和习主席的命令指示，统一意志、统一行动、步调一致，夺取深化国防和军队改革的全面胜利。

（四）一不怕苦、二不怕死的战斗精神

革命英雄主义是人民军队战胜一切敌人、克服一切困难的强大精神武器，是人民军队本质的体现。英勇顽强、不怕牺牲的战斗精神历来是我军克敌制胜的重要法宝。在残酷的革命战争年代，人民军队正是靠着向死而生的英勇决绝，形成了压倒一切敌人而决不被敌人所屈服的伟大气概。英勇顽强，视死如归，血战到底，只要还有一个人就要继续战斗下去，人民军队用大无畏的英雄气概赢得了党的信任、人民赞誉，也赢得了世界尊敬。可以说，人民军队光辉战斗历程，都集中体现了这种“革命加拼命”

的战斗精神。

我军历来是打精气神的，过去“钢少气多”，现在钢多了，气要更多，骨头要更硬，唯有如此，才能永远立于不败之地。但是，长期处于和平环境，少数官兵滋生了过日子、守摊子、护院子的想法，出现“仗一时打不起来”“打仗是作战部队的事”等错误认识，导致脑子里没有战争，工作不在状态，心思不在战位，缺乏对安全形势、战争威胁的关注和忧思。此类和平积弊，严重背离打仗根本指向、偏离实战实训要求，是战斗力致命的腐蚀剂，是当前军事斗争准备的头号大敌。

思想的锈蚀比枪炮的锈蚀更可怕，任何时候我们都要保持高度警醒。我军首先是一个战斗队，备战打仗是主责主业。习近平总书记鲜明指出，“军人必须有一不怕苦、二不怕死的精神”，“一不怕苦、二不怕死是血性胆魄的生动写照，要成为革命军人的座右铭”。党的十八大以来，全军上下在和平积弊纠治过程中，齐心协力，众志成城，揭和平积弊的“老底”，查找“问题清单”，严肃追责问责，取得了一定的成效，真抓实练、真打实备开始成为部队建设的常态。应该看到，彻底纠治和平积弊，绝不是搞几次教育、列几个清单、刮几场“风暴”就能完成的，真正实现一切以备战打仗为中心，真正把战斗力这个唯一的根本的标准立起来还需不断付出努力。

“夫战，勇气也。”面对安全环境的深刻变化，面对强国强军的时代要求，面对现实存在的战争危险，必须强化忧患意识、危机意识、使命意识，大力弘扬我军大无畏的英雄气概和英勇顽强的战斗作风，时刻保持旺盛革命热情和高昂战斗意志。牢固树立战斗力这个唯一的根本的标准，不断强化当兵打仗、带兵打仗、练兵打仗思想，始终聚焦备战打仗，全面加强战斗精神培育和战斗作风训练，锻造召之即来、来之能战、战之必胜的精兵劲旅。坚持仗怎么打兵就怎么练，打仗需要什么就苦练什么，什么问题突出就解决什么问题，深化联合训练、对抗训练、科技练兵，全面提高实战化军事训练水平，提高人民军队打赢能力。坚决贯彻新形势下军事战略方针，科学把握现代战争规律和战争指导规律，加强军事力量常态化多样化运用，坚定灵活开展军事斗争，确保能够有效塑造安全态势，遏控危机冲突，打赢局部战争，担当起党和人民赋予的新时代使命任务。

（五）高度自觉、令行禁止的革命纪律

兵以治为胜，治以严为要，严以法为据。厉行法治、严肃军纪，是治军带兵的铁律，也是不论任何时代要想建设强大军队都必须遵守的基本规律。我军素以纪律严明著称于世，自创建之日起就把革命的坚定性、政治的自觉性、纪律的严肃性结合起来，纪律严明，秋毫无犯，全军上下统一意志、统一指挥、统一行动，千军万马有令必行、有禁必止，攻如猛虎、守如泰山，让一切对手生畏胆寒，也得到了广大人民群众的一致赞颂。守纪如铁、执纪如山，成为人民军队红色基因图谱中最为鲜亮的标识之一。

在我军创建初期，毛泽东就极为重视军队纪律建设，制定了“三大纪律八项注意”，使军纪严明成为人民军队区别于旧军队的一个重要特征。新中国成立后，我军又适时提出军队正规化建设必须实行“五统四性”，制定颁布以三大条令为主的大量法规法令，为我军依法治军、从严治军奠定了坚实基础。改革开放后，邓小平在总结历史经验教训的基础上，提出“一手抓建设，一手抓法制”的重要思想，反复强调治军要严、要抓军队规章制度建设，严肃指出“要建设一支现代化、正规化革命军队”①，开启了我军依法治军、从严治军的新时期。随着世界新军事革命的兴起，江泽民明确提出要依法治军、从严治军，并将其确立为我军建设的重要指导方针，推动了我军依法治军、从严治军的大发展。进入新世纪新阶段，胡锦

① 《邓小平文选》第二卷，人民出版社 1994 年版，第 394 页。

涛强调，依法治军、从严治军是推进国防和军队建设科学发展必须抓好的全局性、基础性、长期性工作，坚持把依法治军与从严治军相统一，引领我军依法治军、从严治军取得了历史性进步。

一个现代化国家必然是法治国家，一支现代化军队必然是法治军队。中国特色社会主义进入新时代，强国强军呼唤强法。习近平总书记深刻把握新时代建军治军特点规律，明确提出，“依法治军、从严治军是强军之基”“依法治军、从严治军是我们党建军治军的基本方略”，深刻揭示了依法治军、从严治军在建设强大军队中的基础地位和基石作用。同时提出，必须保持严明的作风和铁的纪律，确保部队高度集中统一和安全稳定；要加大依法治军工作力度，强化法治信仰和法治思维，加快构建中国特色军事法治体系，加快推动治军方式根本性转变。2022 年 3 月，在出席十三届全国人大五次会议解放军和武警部队代表团全体会议时，又系统阐述了依法治军战略的根本指导、科学内涵、核心要义和实践要求，赋予依法治军更高的战略地位和新的时代内涵。这是我们党军事指导理论的重大创新，是新时代依法治军取得的重大成就，体现出我们党对建军治军特点规律的认识有了新飞跃。

党的十八大以来，党中央、中央军委和习主席从强国强军事业全局出发，将依法治军纳入全面依法治国总盘子，全面擘画依法治军目标蓝图，领导我军全面贯彻依法治军战略，加快构建中国特色军事法治体系。

军队聚焦能打仗、打胜仗，改革完善军事立法体制机制，加强立法顶层设计，有序推进重点立法项目落实，一大批改革急需、备战急用的法律法规陆续制定颁布或修订实施，中国特色军事法规制度体系在强军兴军和改革发展的强力推动下驶入新航道、驶向新航程。中央军委坚持问题导向，着重从解决制约军事斗争准备的突出矛盾入手，从解决官兵反映强烈的突出问题入手，从腐败问题易发多发领域入手，抓住依法治军、从严治军的关键环节强化执行，破立并举，标本兼治，有效遏制了腐败滋生蔓延势头，法纪这个原来在一些人眼里可以随意突破的“橡皮筋”，成了带电的“高压线”，广大官兵的法治信仰和法治思维不断强化。各部队着力推进领导管理模式和运行机制法治化，强化号令意识，扎实推进治军方式“三个根本性转变”，完善执法制度，严格整肃军纪，严格责任追究，增强军事法规制度执行力，使厉行法治、严肃军纪成为铁律，建军治军迈向更高层次的良法善治。一支律令如山、威武文明的钢铁之师正沿着法治轨道，阔步前进在强军兴军的历史新征程上。

站在新的历史起点，深入贯彻依法治军战略，把法治军队建设推向更高水平、更高境界，必须加大依法治军工作力度，强化法治信仰和法治思维，深入研究新时代建军治军特点规律，加强依法治军机制建设和战略规划，全面推进军事法规制度体系、军事法治实施体系、军事法治监督体系和军事法治保障体系建设，不断完善中国特色军事法治体系。把纪律建设作为核心内容，强化官兵号令意识、纪律意识、服务意识，培养部队严守纪律、令行禁止、步调一致的良好作风。把严守政治纪律和政治规矩永远排在首要位置，标准要更高，要求要更严，通过严肃政治纪律和政治规矩带动其他纪律严起来，确保政令军令畅通，确保部队的高度集中统一和安全稳定。坚持严字当头，强化执纪执法监督，严肃追责问责，使铁规生威、铁纪发力，把依法从严贯穿国防和军队建设各领域全过程，不断提高国防和军队建设法治化水平。

（六）爱民为民、军民团结的特有优势

人民军队的根脉，深扎在人民的深厚大地。全心全意为人民服务是人民军队的根本宗旨。来自人民、为了人民，始终与人民血肉相连、生死与共，是我军的制胜之本、力量之源。

人类历史无数次证明，战争的胜负首先不是在战场之上，而是取决

于人心的向背。我军为什么始终能打仗、打胜仗，根本上讲还是靠两条：党的正确领导和人民的衷心拥护。其实也就是毛泽东针对蒋介石“围剿”中央苏区的碉堡政策时所指出的：“真正的铜墙铁壁是什么？是群众，是千百万真心实意地拥护革命的群众。这是真正的铜墙铁壁，什么力量也打不破的，完全打不破的。”①从长征途中不拿群众一针一线，到解放上海为不扰民而露宿街头；从战争时期军民同仇敌忾保家卫国，到和平时期官兵风雨同舟抢险救灾；从当年狼牙山五壮士为掩护群众纵身一跃，到如今江涛、鲁朋飞等飞行员为避开居民区放弃跳伞逃生。这些用行动乃至生命书写的精神“名片”，是我军根基永固的宝贵财富。群众的眼睛是雪亮的，人民的力量是无穷的。“长征第一渡”中，于都百姓主动拆下自己的门板、床板甚至棺材板，为中央红军架设浮桥，8.6 万名红军将士安全渡河；反“扫荡”突围中，沂蒙红嫂明德英用自己的乳汁，救活了生命垂危的八路军小战士；淮海战役中，解放军总参战兵力不到 60 万，主动支前的民工竟达 300 多万。人民用实际行动表明了态度、作出了选择。

“革命战争是群众的战争，只有动员群众才能进行战争，只有依靠群众才能进行战争。”②现代战争，同样离不开人民群众的拥护支持，离不开亿万军民同心同德、团结奋斗，并且民众参与战争的深度和广度，不仅没有收缩反而不断扩大。人民群众支持不支持人民军队，取决于人民军队服务不服务人民群众。必须把人民放在心中，牢记为人民扛枪、为人民打仗的神圣职责，坚决保卫人民和平劳动和生活，守护人民的和平和幸福。发扬密切联系群众的优良传统，保持同人民群众水乳交融、生死与共的关系，永远做人民信赖、人民拥护、人民热爱的子弟兵。大力弘扬军爱民、民拥军的光荣传统，继续发挥好战斗队工作队生产队作用，积极参加和支

---

① 《毛泽东选集》第一卷，人民出版社 1991 年版，第 139 页。

② 《毛泽东选集》第一卷，人民出版社 1991 年版，第 136 页。

援地方经济社会建设，勇于承担急难险重任务，努力做好维护社会稳定和扶贫帮困工作，在不断发展坚如磐石的军政军民关系中，汇聚起强军兴军的磅礴力量。

党的十八大以来，习近平总书记还指出，“艰苦奋斗是我党我军的光荣传统”“艰苦奋斗的政治本色永远不能改”①，“要大力发扬尊干爱兵、官兵一致的优良传统，坚持进一步巩固和发展团结友爱和谐纯洁的内部关系”②，等等。

总之，新时代我军必须培植和传承的红色基因，是我党我军性质宗旨本色的集中体现，蕴含着鲜明的政治立场、坚定的信仰信念、先进的制胜之道、崇高的革命精神、优良的作风纪律，包含了我党我军的思想理论和价值观念，建党建军的基本原则、根本制度，以及特有的革命精神和革命作风等方面内容。它既坚持了我党我军一直以来传承弘扬的基本内容，又注入了新的时代内涵，即党的十八大以来所形成的新理念新思想新经验的结晶和升华。其中，党的领导、理想信念、改革创新、战斗精神、革命纪律、军民团结等方面，是我军当前亟须坚持传承的最为紧迫的基本内容，也是新时代必须大力弘扬的最为主要的现实要求。

三、在强国强军的伟大实践中传承好红色基因

红色基因是连接初心和使命的精神纽带，是信仰的种子、制胜的密码。新时代传承红色基因，必须站在确保我军血脉永续、根基永固、优势

① 《人民军队自我革命重塑的新长征——党的十八大以来习主席领导军队党风廉政建设和反腐败斗争的壮阔实践》，《解放军报》2017 年 8 月 25 日。

② 《奏响强军兴军的时代强音——以习近平同志为总书记的党中央推进国防和军队建设纪实》，《人民日报》2013 年 12 月 28 日。

永存的高度，充分认清传承红色基因的极端重要性和现实紧迫性，各级切实强化政治意识和责任担当，摆上工作的重要位置，加强统筹规划、体系推进、综合施策，努力培养一茬茬、一代代合格的红色革命接班人。

（一）切实增强传承弘扬的政治自觉和责任担当

传承红色基因是一项极具挑战、极不容易出成绩的工作，但又是一项极其神圣、舍此无它的工作。一代军人有一代军人的使命，一代军人有一代军人的担当。应从永葆我军性质宗旨本色，为完成新时代使命任务提供强大精神动力和政治保证的高度，把红色基因作为强军兴军的内在力量，不断增强大力弘扬的历史使命感和政治责任感。

一是要有强烈的担当精神。全面建成世界一流军队，是一个承载历史与未来、艰辛与辉煌的新的历史进军，绝不是轻轻松松就能实现的。越是使命任务重、困难挑战大，越是需要守住红色基因的“传家宝”。不容否认，现在少数党员干部面对新时代新要求，思想准备不足，遇到矛盾绕道走，遇到阻力便退缩，一味求稳怕变，缺乏当年革命者那股子干劲和担当。领导干部不担当，就是对党不忠诚。鲜血染红的旗帜传到一代人手中，决不能以任何理由消极懈怠、无所作为。党员领导干部特别是“关键少数”，应始终保持清醒的政治意识，首先努力做到“保持过去革命战争时期的那么一股劲，那么一股革命热情，那么一种拼命精神，把革命工作做到底”①。对传承弘扬工作应超前谋划、主动作为，亲自抓、亲自管，确保层层落实责任；主要领导要当好第一责任人，定期听取工作汇报，协调解决矛盾问题，对重要事项亲自督导推动，分管领导要站在一线抓落实；加强对基层党组织的工作指导，加强督促检查，确保传承弘扬不走偏、不

① 《毛泽东文集》第七卷，人民出版社 1999 年版，第 285 页。

走样；调动各部门的积极性，特别是发挥好政治工作部门职能作用，使各方面都动起来，形成工作合力；建立督导落实机制，跟进了解重大场馆、重大工程、重大任务进展情况，加强检查督导，及时解决困难，推动工作落实。

二是突出问题导向。当前强调大力弘扬，仍有着很强的现实针对性，继续是眼睛向内的检讨反思，是刀口对己的刮骨疗伤，是由内向外的灵魂洗礼，确保我军始终是党和人民完全可以信赖的英雄军队。应强化问题意识，贯彻整风精神，坚持弘扬传统与纠风治弊相统一，防止和克服弱化虚化红色基因的倾向，奔着问题去、围着问题转、盯着问题走，理直气壮地坚持正确的东西，毫不含糊地反对和抵制错误的东西，把丢掉的找回来，缺失的补起来，混淆的正过来。对于当前来讲，就是要真正要把传承红色基因与铸牢强军之魂紧密联系起来，培养对党的绝对忠诚而不是“亚忠诚”“伪忠诚”、全面忠诚而不是一点忠诚、长久忠诚而不是一时忠诚；把传承红色基因与扭住强军之要紧密联系起来，激发军人血性，培育战斗精神，牢记军队根本职能，牢固树立战斗队思想；把传承红色基因与夯实强军之基紧密联系起来，坚决纠治“四风”，大力弘扬求真务实精神，坚持练为战不为看，不把演习当演戏。这就要求，必须深入一线接地气，俯下身子察实情，列出具体的问题清单，明确各级的责任和任务；对工作中，特别是改革中暴露的新矛盾、部队反映的新问题，主动靠上去做工作，立足本部门能够解决的，要想方设法解决，一时难以解决的，应在向上级反映的同时积极拿出应急性过渡性措施办法。

三是切实落实保障措施。传承红色基因不仅需要积极主动的担当精神、强烈的问题意识，还需要相关的政策支持，特别是场地、经费、物质、人员方面的保障，否则工作就会难以深入，取得的效果也不会持久。各级都应对传承红色基因工作的场地设施、经费投入等给予有力支持，特别是对重大项目给予重点关注。规划军事设施建设，把军史场馆、军营政治文化环境、纪念设施等先进军事文化环境建设项目纳入其中，明确建设标准，统一管理维护。对新组建部队、移防部署部队、艰苦边远地区部队红色基因传承工作中遇到的实际困难，要采取有力措施帮助解决。

（二）努力推进传承弘扬的常态化规范化

红色基因产生于革命战争年代，根植于中华民族传统文化，沉淀于历史发展，淬火于硝烟战火、浓厚于爱国情感中。因此，传承红色基因是一项长期、复杂的系统工程、基础工程、灵魂工程和战略工程，渗透性、跨界性和开放性都非常强，需要有一个循序渐进、逐步深化的过程，不可能一蹴而就、一劳永逸、立竿见影。当前，要传承好弘扬好，必须按照习近平总书记所指出的贵在常、长两字，发扬“钉钉子”精神，决不能搞一阵风、走过场。应着力解决深层次矛盾和问题，构建规范化、制度化的长效机制，努力防止和克服大呼隆、随意性、零打碎敲、急功近利、急于求成等倾向性问题。

一是加强统筹谋划、协调推进。应站在新时代新使命新征程的高度，针对改革发展中出现的新情况新领域，进一步优化顶层设计和加强协调推进，力求使我党我军红色基因在文化、制度、礼仪、作战、训练和生活等所有领域和环节，都能得到充分体现和渗透；使家庭、学校、部队、社会和网络等多个途径和场域都能同频共振；使传承弘扬的各项工作都能相互衔接，军地资源力量实现共享，确保官兵看有场馆、记有史册、唱有赞歌、讲有教材、学有榜样、做有规范。部队调整组建、移防换防后，应把各部队的精神资产进行系统梳理整合，在尊重历史传承的基础上实现熔旧铸新；营区、阵地、场馆、网络、制度等各项建设应通盘考虑、整体推进。

二是不断完善传承弘扬的制度机制。传承红色基因，教育引导是必要的，但根本上还是要靠制度，这不仅是因为有的制度会上升为传统，有的基因会外化为制度，更因为传承弘扬也需要制度作保障，必要时必须运用法治手段来进行捍卫。在一段时间内，社会上网络中，利用歪曲事实、诽谤抹黑等方式恶意诋毁侮辱英烈名誉荣誉、质疑我党我军优良传统作风的现象时有发生。原因是多方面的，但与法律法规对英雄名誉荣誉保护不够有着一定关系。随着英雄烈士保护法等系列法规制度的出台和执行，受到了热烈的响应和支持，取得了极其明显的治理成效。这就启示我们，应坚持把教育引导的自觉性和条令条例的强制性结合起来，在科学合理的范围内不断细化优化传承红色基因制度机制；严格落实各项规章制度，严肃党内政治生活，立起鲜明的政策导向，让官兵在亲身参与、耳濡目染中感受传统的权威和力量；改变勤于治事、疏于执法的旧习惯，发挥制度的刚性约束功能，用铁规制度来保证传承弘扬的严肃性、规范性和有效性。

三是强化对决策部署的执行力度。一分规划，九分落实。对于传承弘扬的指示要求和任务部署，必须在思想上对标对表，在行动上紧跟紧随，在执行上坚定坚决，一张蓝图绘到底、干到底。应发扬斗争精神，善用斗争的手段，敢于较真碰硬，敢于啃硬骨头，狠下心来刮骨疗毒，硬起手腕挖根治弊。同时应积极探索建立容错纠错机制，宽容干部在工作中特别是改革创新中的失误，旗帜鲜明为敢于担当的干部担当，为敢于负责的干部负责。

（三）科学把握红色基因的继承与创新

我党我军的红色基因之所以“红”，是因为它是真理性与时代性、革命性与人民性的高度统一，既具有超越时空的恒定本质，又充满共产党人敢于开天辟地和勇于脱胎换骨的自我革命精神。我党我军的红色基因之所以能够代代相传，一个重要原因在于我们能够始终着眼时代新变化，体现党的创新理论发展，把我党我军光荣传统与正在进行的革命和建设事业有机结合了起来。因此，红色基因的生命力在于其彰显出新的时代价值，具有鲜明的时代特征。传承红色基因，应是不忘本来、吸收外来、面向未来。首先要继承，但不止于继承，不是简单重复、故步自封，而是在坚守根本、坚持原则的同时，勇于探索、与时俱进、推陈出新，使其始终充满鲜活而旺盛的生命力。

一是牢牢把握精髓和根本。我党我军的红色基因，经受了血与火的考验，昭示着未来的发展方向。必须坚决反对历史虚无主义，坚定“四个自信”，无论形势如何发展、任务如何变化，都应做到毫不动摇，始终坚持。特别需要指出的是，应时刻注意防止把实际工作过程中存在的问题，简单地把原因归结到基因传统、制度文化本身，而要看是否掌握了精髓、抓住了根本，是否把制度和传统真正落到实处、执行到位。这个精髓和根本具体来讲，主要是人民军队的性质宗旨，党指挥枪的根本原则，政治工作的生命线地位，人民战争的制胜法宝，团结一致的内外关系，高度自觉的革命纪律等。它铸就了我军之“魂”，立起了我军之“本”，塑造了我军之“型”。舍此就是忘本和变色。

二是不断赋予新的时代内涵。应与时代发展相适应，与经济社会发展相适应，与现代战争发展相适应，与军队建设转型发展相适应，不断赋予新思想、融入新内涵、注入新元素，特别是把已经被实践证明是正确的新理念新思想新经验上升为规律性认识，与时俱进地丰厚其内容体系。如以“坚定执着追理想、实事求是闯新路、艰苦奋斗攻难关、依靠群众求胜利”来丰富阐释井冈山精神；以“谦虚谨慎、艰苦奋斗、实事求是、一心为民”来概括西柏坡精神；等等。新时代，只有把红色基因的时代内涵不断融入实现新时代强军目标、世界一流军队建设之中，才能与时俱进地传承好我党我军的红色基因，始终保持红色基因的生命活力。

三是积极创新方法手段。传承红色基因离不开形式，形式不等于传承，必须以具体求深入、以深入求实效，力戒简单化、表面化、一知半解、浅尝辄止，防止一味追求形式多样化而内容空泛、忽视升华，把注重形式搞成形式主义；防止脱离本单位实际，把借鉴吸收搞成简单的照搬照抄、模仿重复；防止大而化之、上下一般粗，把落实上级要求搞成教条主义、形式主义。必须紧贴时代发展要求，紧贴部队使命任务，紧贴官兵现实思想，丰富实践载体和内容，创新方法手段，着力在用真情实意感染人、鲜活生动吸引人上下更大的功夫。

特别是，现在官兵的认知观念、方式和途径都发生很大变化，如立体多维的观察思考视角，快捷多样的知识获取途径，相对独立的个人意识，注重科学和法治的理性思维等。应针对新生代官兵思想行为特征，把时代元素融入红色基因传承；应调整传承弘扬的思路理念，积极创新方法手段，特别是做好“红蓝融合：传统 + 互联网”，用官兵能够理解、喜爱的方式展示传统及其精神魅力。如通过创作故事来挖掘优秀传统，用新手法讲老故事；用好用活大数据、云计算等信息技术，提高传承弘扬的针对性、有效性；开发推广数字产品和衍生品，实现教育对象、时间和场合的全覆盖；在军史室、荣誉室增设体验功能，通过技术手段使官兵感知和亲近传统；把军史中最生动最感人的片断“搬上舞台”，让官兵自己扮英模、演传统等。

（四）始终坚持求真务实真抓实干

邓小平曾指出：“我们党的历史，我们党的传统，有热闹的形式，但是归根到底，我们是实事求是地做深入的工作。为什么我们过去在农村做的工作那样好？就是因为做得很深入。”“主要的是要做经常的、细致的工作，做人的工作。这是一点一滴的工作，这样的工作积累起来，才有我们伟大的成绩。”① 革命战争年代如此，新时代更是如此。培植和传承红色基因，应树立“功成不必在我”的境界，一件事情接着一件事情办，一年接着一年干，久久为功，脚踏实地地做好教育引导、融入实践锤炼、加强环境氛围熏染、纯正部队政治生态等工作，决不能为教育而教育，也不能为单纯完成任务而搞教育，更不能为出经验、出政绩而搞教育。

一是深化党的创新理论武装。政治的清醒和坚定，一刻也离不开理论的掌握和运用，而要想掌握和运用理论就必须下一番大功夫，必须用科学的理论武装官兵头脑。应持续开展读经典、学原著、悟真理活动，深入学习马克思列宁主义、毛泽东思想、邓小平理论、“三个代表”重要思想、科学发展观、习近平新时代中国特色社会主义思想，掌握红色基因的理论源泉和思想内核，深扎红色基因的根子，也就是像习近平总书记指出的，要把读马克思主义经典、悟马克思主义原理当作一种生活习惯、当作一种精神追求，用经典涵养正气、淬炼思想、升华境界、指导实践。当前，特别是要坚持不懈用习近平新时代中国特色社会主义思想和习近平强军思想武装人、引领人、塑造人，扎实开展好“学习贯彻习近平新时代中国特色社会主义思想”主题教育和“学习强军思想、建功强军事业”教育实践活动，教育引导广大官兵在真信笃行、知行合一上下功夫，学思用贯通、知信行统一，切实把学习成效转化为坚定的政治信念、过硬的政治本领。要全面推进习近平强军思想进入工作指导、进入部队建设、进入岗位实践，认真学习借鉴我军因时、因地、因人制宜开展党的教育的好传统，顺应官兵认知特点规律开展思想政治教育和宣传鼓动工作，使理论武装更加贴近实际、扎实有效；坚持正本清源，解疑释惑，深扎官兵爱党信党的思想根基，引导官兵赓续红色血脉、永葆宗旨本色。

二是深化党史军史学习研究宣传教育。欲知大道，必先为史。灭人之

① 《邓小平文选》第一卷，人民出版社 1994 年版，第 288 页。

国，必先去其史。当前，西方敌对势力对我实施西化、分化的一个重要手段，就是歪曲和否定我们党的历史，进而否定中国共产党的领导，否定社会主义制度。

以史为鉴，可以知兴替、明得失，校准绳，把方向。习近平总书记多次指出，历史是最好的教科书、历史是最好的老师、历史是最好的清醒剂，中国革命历史对共产党人来说是最好的营养剂，要“加强党史军史和光荣传统教育，确保官兵永远听党话、跟党走”①。

培植传承红色基因，必须认真贯彻落实习近平总书记的重要指示精神，深入挖掘党史军史这座“富矿”，通过深化党史军史学习教育，引导官兵重温光荣传统补足忠诚之钙、用好红色资源坚定忠诚之志、学习英模人物涵养忠诚之气，切实把革命先辈的爱党情、报国志融入灵魂血脉，内化为对党矢志不渝的忠诚品格。搞好涉史敏感热点问题阐释引导，大胆批判谬误言论，用“正史”抵制“野史”，增进官兵历史认同和政治认同。加快推进军委批准立项的军史资料丛书、军队党的文献、高级将领传、军事志等编写任务，深化我党我军重大历史事件、重要历史人物和著名战役战例研究，深入挖掘革命精神、丰富红色基因谱系。

三是开发红色革命文化，建好用好军史场馆。加强军营政治文化环境建设，综合运用军营广播、信息网络等载体，开设网上英模馆、荣誉室，用红色元素占领军营文化阵地，感染激励官兵，凝聚思想共识，积极进行授装组建、誓师大会、凯旋仪式、迎接烈士等军队仪式文化活动建设。持续推进军级以上单位数字史馆、师旅团级单位军史长廊、基层营连荣誉墙、班排荣誉柜建设，采取“图、文、物”共展，“声、光、电”并用等形式，增强历史真实感和艺术感染力，充分利用新兵入伍、入党入团等时

① 习近平：《加强党史军史和光荣传统教育，确保官兵永远听党话、跟党走》，《求是》2021 年第 15 期。

机，以及重要节庆日、纪念日和开展重大教育等，常态化组织官兵参观学习，发挥好军史场馆育人功能。按照就近就便原则，组织官兵参观地方革命历史类纪念设施、遗址遗迹，用红色资源滋养官兵。

（五）充分发挥党员领导干部的表率示范作用

“风成于上，俗化于下。”领导干部身体力行是最有力的号召，也是最有效的传承弘扬。自古以来，军队如果“将弱不严，教道不明”，必然会“吏卒无常”。这就要求，部队党员领导干部传承红色基因，在抓好本单位工作的同时，必须以身作则，发挥好表率示范作用。

一是严格要求，自觉强化自律、标杆和表率意识。历史和实践都表明，干部的思想改造工作是极其重要的，也是极其艰巨的，干部的思想进步是一切工作进步的枢纽。言行一致、以身作则、以上率下等是思想教育的通则，也是弘扬优良传统作风的基本原则。这就要求我们领导干部应对红色基因带头学，带头爱，带头讲。带头学，就是对我党我军的红色基因学深悟透，对本部队特有的传统作风熟知熟记、融会贯通；带头爱，就是心怀敬畏，心存感恩，不断深化对传统的感情认同。带头讲，这个“讲”指的是讲究、讲求、注重之意，既包括宣传教育，也包括带头干，以实际行动使官兵从自己身上感受到部队风气的好转，感受到红色基因的具象和魅力。

二是发扬民主，把领导带头和群众参与有机结合起来。事实证明，只强调领导带头，忽视群众民主参与，不仅不合理，也不可靠。从根本上讲还是毛泽东讲的，实行民主，让人民起来监督。同时传承红色基因也是全体官兵的共同的职责和义务。这就要求，领导干部必须时刻与“官兵打成一片”[①]，部队的红色基因传承活动开展倾听群众心声，解决问题有群众监

① 《毛泽东文集》第七卷，人民出版社1999年版，第286页。

督，活动成效有群众评判，领导优劣有群众意见，使基层官兵成为传承红色基因的参与者与受益者。

三是爱兵如子，树立为民务实清廉的形象。我国古代领兵治军之道中有一条千古不易的准则：爱兵如子弟，官兵同滋味、共安危。作为我军，官兵一致、同甘共苦是光荣传统，也是我党我军红色基因外化为行动的一种体现。新时代爱兵如子，应始终坚持我军从建军之初就确立的官兵一致原则。这“一致”，既包括目标方向的一致，也包括政治地位、思想感情和物质利益上的一致。应习兵气、接地气、聚人气，时刻把群众的疾苦、官兵的冷暖挂在心上，真心诚意、满腔热忱为基层官兵办实事、解难事、做好事，不断增强他们的获得感和归属感，把广大官兵积极性、主动性、创造性充分激发出来，决不能干那些让官兵戳脊梁骨的事。只有这样，才能从基础上有效确保我军血脉永续、根基永固、优势永存，永远立于不败之地。

第七章　面向新时代，让红色基因代代相传

红色基因是确保党不变质、国不变色的生命密码。中国特色社会主义进入新时代，习近平总书记反复强调要“把红色基因传承好，确保红色江山永不变色”。历史启示我们：坚持和发展中国特色社会主义，实现中华民族伟大复兴的中国梦，尤其需要对红色信仰的守望、对红色基因的传承。必须大力传承红色基因，让红色基因代代相传。鉴于本书采用的是专题式研究，为增强研究的系统性、针对性，第二至六章均采取了理论阐释与实践应用、对策思考相结合的方式。本章在上述各章研究思考的基础上，主要从更为宏观的层面上，就中国特色社会主义新时代红色基因的培植与传承提出若干思考和建议。

一、清醒认识时代挑战，着眼党和国家长治久安战略统筹红色基因的培植与传承

大凡基因，都具有遗传和变异两重特性。无论是基因的培育还是传承，都是一个动态复制与选择交织的过程。生物基因是相对稳定的，它的

传承是一个缓慢而自然而然的过程。然而，人文社会领域的红色基因却有所不同。与生物基因相比，它在质的稳定性上显得易变，比较容易发生变异甚至突变，造成国家政权和社会生活的剧烈动荡。这种变异或突变的挑战，要求我们必须着眼党和国家长治久安，从顶层国家战略上统筹红色基因的培植与传承问题。

（一）牢固树立主动经略意识

生物基因的遗传与创造，依赖于物竞天择。社会基因的遗传与创造，在很大程度上是人们主观能动选择的结果。因而需要人们有意识、有计划地进行传承。在前文所提到的“模因理论”的诸多观点之中，文化的选择性是其中一个重要观点。即：一旦某人习得了某一文化的核心部分，那么他就会根据这一整体性质，有选择地接受外来文化。正是这种文化选择性的客观存在，极易造成基因的变异甚至突变。或向上进行进化，推动社会进步，或向下突变，会造成消极影响，甚至可能会对国家政权产生威胁，对整个国家政治和社会生活带来剧烈影响。作为一种政治文化基因，红色基因既有其为先进性所决定的强大生命力和稳定的代际相传性，同时受国际国内政治、经济、文化、军事等因素的影响，又有发生变异甚至断裂的可能。苏东剧变就是典型例证。因此，警惕和防止红色基因在任何环境下可能出现的突变，始终保证红色基因的无产阶级性质，始终是共产党执政和社会主义国家必须高度关注和解决的时代大课题。

改革开放以来，我们党领导人民进行的社会主义现代化建设取得了举世瞩目的伟大成就。从根本上讲，党的红色基因得到忠实传承是重要因素。但是，也要看到，在长期执政、和平环境、市场经济和外部环境等诸多考验下，我们党仍然面临精神懈怠、能力不足、脱离群众、消极腐败等危险，一些党员甚至产生了信仰危机。在社会上，由于部分党员的作风问题与腐败问题，使我们党的美誉度、公信力等连带受到影响，一些人对我们党的执政地位以及我国的基本政治制度、经济制度等也产生动摇与怀疑。这些都内在地影响着人们对党的红色基因的认同与传承。

同时，从大的世界历史范畴看，党的红色基因是诞生在实践马克思主义理论的道路上的，是诞生在追求人类最美好的共产主义制度和生活的奋斗中的，是诞生在资本主义由于其不可克服的内在矛盾而必然被社会主义代替的理论预设中的。然而，必须正视的一个现实是，社会主义处于发展的初级阶段，要实现对发达资本主义国家经过数百年的发展，在生产力水平、人民生活水平、社会稳定、民主政治制度发展程度以及处理各种社会矛盾的经验方面的优势的反超，是一个艰苦而漫长的过程。为数较少的社会主义国家要想获得发展，也不得不被迫在资本主义国家早已设计好的世界经济和政治秩序中经受各种风险和挑战。这些因素对党的执政地位、国家制度的发展方向和意识形态建设，都会产生不可忽视的影响。

事实上，长期以来，红色基因的培植与传承都面临严峻复杂的环境和挑战，是在理论制度设计的优越与实践发展的相对滞后的困难夹缝之间寻找道路，在理想与现实的断裂中艰难前行。特别是改革开放以来，随着改革开放和市场经济体制的逐步确立，原有的社会结构和利益结构逐渐被打破，利益分配出现了多元化，形成了许多新的社会阶层和利益集团，社会价值也随之日益多元化；同时，西方国家对我国政权颠覆的企图始终没有放弃，“颜色革命”的威胁依然存在；一些党员干部的腐败在党的十八大后中央的高压态势下虽有所收敛但仍存在；经济发展所积累的社会矛盾集中凸显……所有这些，无不影响红色基因的有序传承。

应对可能发生的这种政治文化基因变异或突变，首先必须牢固树立主动经略的意识。当年，中国共产党之所以能够星火燎原，从井冈山一路走向延安、走向西柏坡、走向天安门城楼，诞生出一个“红色中国”，中国共产党人优良先进的红色基因是根本的决定性因素。如同生物界的物种存续一样，红色基因能够保存多久，党的生命就能保存多久；红色基因能够传承多少代，社会主义的红色江山就能够存续多少代。今天，我们要清醒认识新时代红色基因的传承遇到的时代挑战，不断增强传承红色基因的危机感和紧迫性，以主动进取的姿态，做好红色基因的培植与传承工作，以确保社会主义意识形态和文化建设沿着正确的轨道前进。

（二）注重从顶层战略上系统规划

红色基因作为我们党在长期的革命、建设和改革中形成的价值积淀和优良传统，是立党、强党之本，也是我国社会主义意识形态的基本内核。红色基因能否得到健康有序的广泛传承和发展，关系到党的性质宗旨和国家的国体政体能否坚守，关系到中国特色社会主义基本制度能否继续坚持，关系到社会主义改革和发展中党和国家的作用和职能能否有效发挥，也关系到国家安全、社会稳定和人民正常的生活秩序能否得到保证。显然，红色基因的培植与传承是一项顶层战略工程。党的十八大以来，习近平总书记正是站在这样的政治高度和战略高度，高度重视、反复强调红色基因的培植与传承问题，强调“要把理想信念的火种、红色传统的基因一代代传下去，让革命事业薪火相传、血脉永续”①。

近年来，在习近平总书记的大力倡导和推动下，红色基因的培植与传承在全党全社会得到高度重视，各地普遍重视加强革命传统教育、爱国主义教育、青少年思想道德教育，提出要讲好党的故事、革命的故事、根据地的故事、英雄和烈士的故事，掀起一股红色热潮。但从目前状况看，与这项顶层战略工程的需求相比，各级党组织和各级政府对红色基因的培植

① 《在古田会议光芒照耀下继续前进——习近平主席出席全军政治工作会议侧记》，《人民日报》2014 年 11 月 3 日。

与传承在重视程度上、在系统筹划与推动上还有不小差距。从整体上看，工作中既缺乏整体规划和长远战略安排，存在零敲碎打、时紧时松等现象，又缺乏横向的各种部门各种教育各种政策的通盘考虑，抓传承传播红色基因的系统性、常态化不够。如：有的上级强调就抓一抓，重大节日突出搞一搞，平时基本上没计划没安排；在具体执行上缺乏对红色文化、红色基因的教育传播的有效智力支持和监督，使教育传播流于形式、流于庸俗、流于过程，在效果上明显存在只注重形式不注重内容，只注重入眼入耳不注重入脑入心等情况。如：有的口号标语挂了很多，英模雕塑立了不少，但对党的红色基因的内涵要义、优良传统和革命精神宣传教育不够，只是上了墙、进了社区，没有进入党员干部和群众心里；有的与中心工作结合融合不够，如何有效纳入思想政治教育、融入党员干部和群众的工作生活、进入岗位实践办法不多，有效制度机制还没有形成和完善，等等。上述情况，容易使红色基因在看似漫天遍野铺天盖地的宣传中被虚化弱化而暗暗地流失。

为中国特色社会主义前途计，为国家意识形态和经济社会健康发展计，必须把传承红色基因当作一项系统工程、战略工程来抓，实施科学组织、逐步推向深入、确保扎实持久。为此，一是搞好顶层设计。有必要把红色基因传承工作纳入国家经济和社会发展“十四五”规划，并且研究制定指导性意见，明确目标任务、工作布局、各级责任。具体讲，在大中小学的教育上、在党员干部的选拔上、在文艺作品的创作上，在革命旧址和文物的保存和利用上，在党史军史政治文化的研究上，在大众文化的传播上，在传统媒体和网络媒体的开发、监管和利用上等，都应该建立包括目标、方法、组织、机制、人才等在内的五年或更长时期的战略规划，以便逐步使红色文化成为中国社会的主流文化，使红色基因成为我国意识形态和文化建设的精神中枢。二是整体统筹推进。各级党组织应加强统一领导，把握工作全局，督促各相关部门通力合作，形成合力，宣传教育、文化工作、人才培养、设施建设等全方位推进。

（三）建立健全制度保障体系

实践证明，无论是党的建设还是国家治理，制度更带有根本性、全局性、稳定性和长期性。传承红色基因是一项复杂的系统工程，也是一项长期的历史任务，必须建立健全制度保障体系，确保红色基因得到持久、科学的有效培植和传承。

正是基于对制度建设极端重要性的清醒认识，2019 年 10 月 31 日，党的十九届四中全会通过《中共中央关于坚持和完善中国特色社会主义制度、推进国家治理体系和治理能力现代化若干重大问题的决定》，把“坚持和完善繁荣发展社会主义先进文化的制度，巩固全体人民团结奋斗的共同思想基础”①作为一项重大任务，突出强调必须坚持和完善马克思主义在意识形态领域指导地位制度，落实意识形态工作责任制，强调要注意区分政治原则问题、思想认识问题、学术观点问题，旗帜鲜明反对和抵制各种错误观点，坚持和完善以社会主义核心价值观引领文化建设制度，推动理想信念教育常态化、制度化；坚持和完善正确导向的舆论引导工作机制等。这些制度的坚持和完善，必将对红色基因的培植与传承起到根本保证作用。

各级要认真贯彻《决定》精神，结合实际制定红色基因保护和传承的相关政策法规，把传承红色基因落实到社会治理中，让传承红色基因有章可循。要建立合理的传承红色基因的领导体制和工作机制，坚持政府主导与社会参与相结合，形成齐抓共管的工作格局，从而让红色基因与时俱进地传承下去。

---

① 《中共中央关于坚持和完善中国特色社会主义制度 推进国家治理体系和治理能力现代化若干重大问题的决定》，《人民日报》2019 年 11 月 6 日。

二、扎实做好基本建设，夯实红色基因培植与传承基础

红色基因本质上是一种先进的价值取向和观念意识形态，它只有通过一定的形式和载体，才能实现自身的发展传承。只有与时俱进创新传承途径和方法，才能获得生机与活力，得到持久传承。

（一）重视学习教育，厚植思想根基

这方面，重点是要大力推动马克思主义理论和党史、新中国史、改革开放史和社会主义发展史的学习教育。

马克思主义是党的红色基因之本、之根、之源，其中蕴含的辩证唯物主义和历史唯物主义的世界观、价值观与方法论，是红色基因的思想渊源和最内在的价值内核。对马克思主义理论的深入学习和掌握，毋庸置疑是传承红色基因的根本之举，必将有助于红色基因在广大党员干部和人民群众中的传承。当前，马克思主义理论的深入学习，要特别注意创新理论的表现形式。以往，提到理论学习，便会想到厚厚的书本，这很容易使学习变得枯燥乏味。为提高青年官兵的兴趣，要运用现代化的技术，力争使书本变为鲜活的图片、影像，甚至是变为动漫、游戏，将知识性和娱乐性有机融合，让历史变得更亲和，理论变得可触摸。

同时，要加强党史、新中国史、改革开放史和社会主义发展史学习教育。党的红色基因是在党领导革命、建设和改革的伟大历程中培植与传承的。2013 年 7 月 11 日，习近平总书记到西柏坡视察时强调指出，对我们共产党人来说，中国革命历史是最好的营养剂。多重温我们党领导人民进行革命的伟大历史，心中就会增添很多正能量。党史、新中国史、改革开放史和社会主义发展史，记录着我们党的初心使命、理想信念、奋斗历程、

优良传统、优良作风，蕴含着马克思主义科学的立场观点和方法，昭示着中国特色社会主义的理论渊源、发展脉络、实践逻辑。它们既是“定位仪”，也是“平面镜”；既是“教科书”，更是“清醒剂”。通过党史、新中国史、改革开放史和社会主义发展史学习教育，能够让广大党员干部和人民群众获取深邃的历史智慧，获得为人民事业而奋斗的无穷力量，为红色基因的传承夯实素质基础。要清醒地认识到，对红色基因的深刻认同与真诚传承，本质上就是对党、对社会主义中国的历史的一种文化认同，这是在历史中凝结、升华出来的一种精神信仰。历史是根，文化是魂。文化在历史中沉积，也在历史中记忆和传承。历史记忆一旦消失，随之而来的将是文化认同的改变、精神基因的丧失。因此，习近平总书记多次强调：“要发挥红色资源优势，深入进行党史军史和光荣传统教育，把红色基因一代代传下去。”习近平总书记反复要求党员领导干部要深入学习马克思主义理论，反复告诫全党：多重温我们党领导人民进行革命的伟大历史，心中就会增添很多正能量。传承红色基因，必须深化对马克思主义和党史、新中国史、改革开放史和社会主义发展史的研究，廓清历史迷雾，回击错误思潮，清除思想杂音，大力提升党史军史的教育的科学性和战斗性，在正本清源中坚守红色基因的政治底色，捍卫红色基因的纯洁性和先进性。

（二）加强基本载体建设

红色基因的基本传承载体，即外化承载形态，主要包括物质形态和非物质形态两个层面。要实现红色基因的有效传承，必须与时俱进，不断推动红色基因的基本载体建设。

物质形态载体，主要指革命遗址、领袖的故居、旧居、革命文献等。党的十八大以来，习近平总书记高度重视红色文化遗址的保护传承，多次实地缅怀革命先烈、参观纪念场馆，为革命纪念场馆建设引航定向。他强调："革命博物馆、纪念馆、党史馆、烈士陵园等是党和国家红色基因库。要讲好党的故事、革命的故事、根据地的故事、英雄和烈士的故事，加强革命传统教育、爱国主义教育、青少年思想道德教育，把红色基因传承好，确保红色江山永不变色。"①这些场所作为新时代红色基因传承与传播的主阵地之一，其建设状况直接关乎红色基因传承的成效，必须加强物质的红色文化革命战争遗址、革命会议遗址、领袖故居、旧居、革命文献等的建设与利用。为切实加强新时代革命文物工作，充分发挥革命文物在培植传承红色基因、培育社会主义核心价值观中的重要作用，2018 年 7 月，中共中央办公厅、国务院办公厅印发《关于实施革命文物保护利用工程（2018—2022 年）的意见》，指出："革命文物凝结着中国共产党的光荣历史，展现了近代以来中国人民英勇奋斗的壮丽篇章，是革命文化的物质载体，是激发爱国热情、振奋民族精神的深厚滋养，是中国共产党团结带领中国人民不忘初心、继续前进的力量源泉。"强调要"提升革命文物展示水平。坚持有址可寻、有物可看、有史可讲、有事可说，着力策划打造主题突出、导向鲜明、内涵丰富的革命文物陈列展览精品，做到见人见物见精神"②。同时，《意见》提出要实施六大工程，即百年党史文物保护展示工程、革命文物集中连片保护利用工程、长征文化线路整体保护工程、革命文物主题保护展示工程、革命文物陈列展览精品工程、革命文物宣传传播工程。《意见》的这些规定和要求，为进一步建设好党和国家和红色基因库提供了重要支持和重要保证。落实上述《意见》精神，2019 年，全国已有 21 个省份出台了关于加强文物保护利用改革的实施意见，25 个省份印发了关于革命文物保护利用工程的实施方案，一些地区还建立了革命

① 《习近平在河南考察时强调　坚定信心埋头苦干奋勇争先　谱写新时代中原更加出彩的绚丽篇章》，《人民日报》2019 年 9 月 19 日。

② 《中办国办印发〈关于实施革命文物保护利用工程（2018—2022 年）的意见〉》，《人民日报》2018 年 7 月 30 日。

文物保护利用协作机制。2021 年 3 月，习近平总书记进一步对革命文物工作作出重要指示，指出："革命文物承载党和人民英勇奋斗的光荣历史，记载中国革命的伟大历程和感人事迹，是党和国家的宝贵财富，是弘扬革命传统和革命文化、加强社会主义精神文明建设、激发爱国热情、振奋民族精神的生动教材。加强革命文物保护利用，弘扬革命文化，传承红色基因，是全党全社会的共同责任。各级党委和政府要把革命文物保护利用工作列入重要议事日程，加大工作力度，切实把革命文物保护好、管理好、运用好，发挥好革命文物在党史学习教育、革命传统教育、爱国主义教育等方面的重要作用，激发广大干部群众的精神力量，信心百倍为全面建设社会主义现代化国家、实现中华民族伟大复兴中国梦而奋斗。"①2020 年 7 月，中宣部还从全国爱国主义教育示范基地中遴选了 15 家作为中华民族文化基因库（一期）红色基因库首批试点单位，利用信息网络平台，通过有线电视网络实现全国联网，向全社会全面展示红色政权的由来，收到了非常好的教育效果。这方面工作应继续做实、做好，不断提高观众满意度与获得感。

非物质形态载体，主要指党在各个历史时期形成的革命精神、优良传统、革命故事以及红色文艺等。尤其是党的革命精神，内涵、载体非常丰富，已经形成了一个精神谱系。正如 2021 年 2 月 20 日习近平总书记在党史学习教育动员大会上的讲话中所指出："在一百年的非凡奋斗历程中，一代又一代中国共产党人顽强拼搏、不懈奋斗，涌现了一大批视死如归的革命烈士、一大批顽强奋斗的英雄人物、一大批忘我奉献的先进模范，形成了井冈山精神、长征精神、遵义会议精神、延安精神、西柏坡精神、红岩精神、抗美援朝精神、'两弹一星'精神、特区精神、抗洪精神、抗震

① 《习近平对革命文物工作作出重要指示强调　切实把革命文物保护好管理好运用好　激发广大干部群众的精神力量》，《人民日报》2021 年 3 月 31 日。

救灾精神、抗疫精神等伟大精神，构筑起了中国共产党人的精神谱系。”强调“我们党之所以历经百年而风华正茂、饱经磨难而生生不息，就是凭着那么一股革命加拼命的强大精神”。[①] 这些重要论述，深刻阐明发重视以革命精神为主体的红色基因的非物质形态载体建设的极端重要性。目前，这方面的资源非常丰富，学界理论研究成果也极为丰硕。在这方面，首先要重视研究和挖掘。一种基因、一种文化的传承，理性的价值认同和深切的情感认同是关键。这就要求我们必须进一步加强对红色文化的理论研究，把握精神内核，强化理性的思想认同。特别是要刻度重视研究青少年群体的认知心理，善于在青年一代身上接入红色基因的“端口”，创造科学的“下载方式”和“驱动程序”。如此，便不难实现红色基因在年轻一代身上的有效加载。同时，要注意创新文化的表现形式，在准确阐释红色基因、红色文化内涵要义的基础上，适应时代发展，不断创新红色基因的传承途径、方法、形式和手段。如：将知识性和娱乐性有机融合，运用现代化的技术，力争使以往枯燥、单一的书本、理论宣讲，变为鲜活的图片、影像，甚至是变为动漫、游戏，通过现地体悟，情理感召等综合实践方式，让历史变得更亲和、理论变得可触摸。近年来，各地探索了不少好的方法。如开设红色经典大讲堂，广泛开展读红色书籍、讲红色故事、唱红色歌曲、看红色影片、写红色感言活动，用红色文化滋养党员和群众精神心理；组织领导干部、英模典型、老红军老战士讲历史、话传统，建立党史军史丛书、经典战例、英模事迹、红色影视网上数据库，在互联网开设学雷锋网站、微博，运用信息手段拓展传承时空，等等。同时，要站立时代前沿，在精神文化建设的具体形式问题上，要秉持多样性与创新性相结合的原则，创新红色精神文化展示方式。如：精心设置规划社区的政治环境，建设荣誉墙、文化墙、文化长廊、主题雕塑、英模人物雕像、宣传

---

① 习近平：《在党史学习教育动员大会上的讲话》，《求是》2021 年第 7 期。

灯箱等；加强本地区、本行业、本单位红色资源的寻访，收集编写传记、读物、录像片等；充分利用网络平台，建设传承红色基因的网站、数据库，利用动漫、游戏、微信等新一代青年喜欢的形式，在娱乐的同时传播红色精神，让新一代党员干部和群众喜闻乐见，从而提高红色基因传承的效力。

需要注意的是，由于红色精神文化遍布全国各地，这就需要各地在进行宣传教育时进行合理、科学的选择。在选取时，首先选取全党共同的精神文化，其次选取与本地区相关的精神文化，同时兼顾与本单位相关的精神文化，以保持精神文化的系统性与完整性。

（三）加强公共网络平台、自媒体等信息载体建设

2016 年 10 月 9 日，习近平总书记在中共中央政治局集体学习时就特别强调："互联网新技术新应用不断发展，使互联网的社会动员功能日益增强。要传播正能量，提升传播力和引导力。"这一重要指示极具现实针对性和指导性。

当今时代，随着信息网络时代的到来，网络媒体特别是自媒体已经逐渐代替传统媒体，成为人们学习理论和知识的主要途径和手段。培植和传承红色基因要特别重视网络信息技术的应用。必须把对公共网络平台、自媒体的研究、利用和管控，上升到培植和与传承红色基因基本建设的战略高度来认识，过好网络关、时代关。因为，信息网络是个集建设与破坏于一体的"双刃剑"，各种各样形形色色、真真假假、良莠不齐、动机不同、立场各异的信息像洪水一样涌入各种网络空间，甚至出现一些反党反社会主义的严重错误言论，网络已经成为意识形态斗争的主战场，对人们的人生观、价值观产生深刻影响，对红色基因的传承也产生严重的干扰。

面对这种现状，首先，必须坚持党管媒体原则，加强党对公共网络平

台、自媒体等的全面领导。这是 2019 年 10 月党的十九届四中全会通过的《中共中央关于坚持和完善中国特色社会主义制度、推进国家治理体系和治理能力现代化若干重大问题的决定》中提出的一个重大指导原则。《决定》明确提出要坚持党管媒体原则，“构建网上网下一体、内宣外宣联动的主流舆论格局，建立以内容建设为根本、先进技术为支撑、创新管理为保障的全媒体传播体系。改进和创新正面宣传，完善舆论监督制度，健全重大舆情和突发事件舆论引导机制。建立健全网络综合治理体系，加强和创新互联网内容建设，落实互联网企业信息管理主体责任，全面提高网络治理能力，营造清朗的网络空间”①。其次，必须加强对网络媒体、网络文化和网络舆情的特点规律研究。要充分发挥现有官方网络媒体的作用和影响，开发和利用新的网络平台和网络传播形式，建立网络红色文化传播的人才队伍，关注和利用民间网络平台进行红色文化的传播。对公共网络平台和自媒体上大家关注的问题，要予以及时准确的回应，对有分歧有争议尚待进一步研究的问题，要积极参与讨论并表明自己的态度，对消极的不良舆论倾向要加以正确引导，对没有任何事实根据肆意污蔑党和军队的言论要追究其刑事责任，使互联网这一新的信息平台真正成为社会正能量的传播平台，成为红色文化和红色基因的传承平台，成为党和国家意识形态建设的主阵地。第三，要切实加强对公共网络平台、自媒体的研究、利用和管控，充分发挥现有官方网络媒体的作用和影响，开发和利用新的网络平台和网络传播形式，建立网络红色文化传播的人才队伍，使互联网成为社会正能量的传播平台，成为红色文化和红色基因的传承平台，成为党和国家意识形态建设的重要阵地，成为培育和传承党的红色基因的重要渠道。

---

① 《中共中央关于坚持和完善中国特色社会主义制度　推进国家治理体系和治理能力现代化若干重大问题的决定》，《人民日报》2019 年 11 月 6 日。

（四）探索创新有效途径和方法

任何教育内容都必须借重有效的教育形式和方法，才能取得较好的教育效果。任何宣传也必须借重有效的传播途径和恰当的表现形式，才能够深入人心。而教育的形式和方法、传播的途径和表现形式，都必须随着信息传播方式、生活方式、社会心理的改变、受众的变化而变化。因此，红色文化的教育传播，红色基因的传承，其途径和方法、形式和手段，也应随着时代的变迁而变化。

目前，这方面依然存在不少问题。如有的搞简单枯燥的说教灌输，走马观花的参观瞻仰，流于形式的集中学习等这些必须予以改进。为此，必须结合新的时代特征，进一步研究目前的社会心理、文化消费的主要形式、倾向和特点，大众娱乐的主要形式、内容和特点，特别是广大青少年喜闻乐见的传播形式、表现形式和工具平台，把红色文化的教育传播，把红色基因的传承与广大群众的日常生活环境、日常文化消费、日常信息获取紧密联系起来，与广大群众乐于接受、乐于参与的电视节目、影视作品、曲艺形式、锻炼方式等紧密结合起来。换言之，把有形的教育灌输和无形的影响渗透结合起来，既要坚守以往的教育阵地、教育内容，更要在全社会制造一种红色文化的空气，要把红色基因的传承渗透到每个人的身边去，每个人的日常生活中去，使红色文化和红色基因真正成为凝聚社会力量的黏合剂和精神纽带。

从实践中看，应特别重视发展体验式教学，通过现地感悟传承红色基因。这种教学方式适用于革命旧址、领袖故居等物质文化聚集地，如延安、井冈山等地便是如此。多年来，西安政治学院一直坚持延安教学，投资近千万元，建立革命传统教学基地，依托王家坪、南泥湾等红色资源，以现地教学为主要形式，实地感悟中国共产党与红军在延安时期的奋斗历程，传承其间蕴含的红色基因。在这种教学中，基层单位要和教学单位紧密配合，力争使教学达到最佳的效果。一方面，基层单位要明确教学目的，避免将教学办成旅游。另一方面，教学单位要精选教学点位、科学分配时间、优化授课内容，要把课堂还给学员，突出学员的“思”和“说”，围绕预设主题，引导学员谈论感悟与启示。如有的高校在国防生中开展“学党史、知党情、跟党走”教育实践，尝试把教育课堂搬到党的革命和建设重要事件发生地，区分不同历史阶段绘制出一条红色路线图，组织国防生踏访红色足迹，让他们在实地探寻中走进历史、触摸历史。在活动中，150 余名国防生一起聆听三湾改编的前前后后，一起高声歌唱《听党指挥歌》，一起在“扎根军营建功立业，献身国防履行使命”的横幅上写下自己的名字。一位国防生在体会中这样写道：踏访红色足迹，仿佛亲身经历了党的 90 年峥嵘岁月，脑海里深深烙下了红色记忆，青春血脉里融注了红色基因，我心永远跟党走。这样的传承方式值得大力推广和应用。

三、加强对红色基因传承队伍的建设和监管

分析当前在红色基因的传承、在意识形态领域出现的种种问题的原因，还有一个重要因素应引起关注，这就是在马克思主义和中共党史军史研究教育的人才队伍建设上还存在能力不强、监管不力的问题。

（一）提高人才队伍素质能力

红色基因的培植与传承，不同于一般知识、能力的培养，对人才队伍的政治性、专业性有很高的要求，必须培养和选拔一批政治立场坚定、学术素养好的专家学者和宣传工作者队伍，充分发挥他们在红色基因培植与传承中应有的引领、示范和辐射作用。

目前，在这支队伍建设上，还有不少不尽人意之处。有专业素质和能力不够强的问题，也有思想政治素养不够过硬的问题。突出表现在：有的自身缺乏对马克思主义理论的深入研究，缺乏对党史军史和我党我军优良传统的深入了解，一部分的马克思主义和中共党史军史研究成果大而化之，缺乏对现实问题和舆论关注的问题的关切和回应，不能很好地阐明我国革命、建设和改革不断演进的内在历史逻辑和特殊性，不能很好地解释我国现行政治、经济、文化制度和意识形态建设的必然性和自洽性，使红色文化的教育和传播缺乏内在的说服力；有的既缺乏意识形态斗争的勇气和自信，又缺乏理论创新的能力和智慧，习惯于被动应付，不善于主动作为，甚至有的缺乏对社会主义的坚定信仰，甚至缺乏基本的明辨是非的能力；等等。必须高度重视红色基因的培植与传承人才队伍建设，在重视人才专业知识、学术素养、专业能力培养的同时，也要高度重视人才的思想政治建设。通过各种途径和方式，提高这支队伍的政治素养和专业化水平，既要讲政治，更要善于用学术讲政治，为红色基因的培植与传承提供智力支持和人才保证。

这方面，当前尤其要把政治素养的培养和政治能力的提高放在首位。实践证明，人才的知识素养和能力水平固然重要，但一旦缺乏坚定目标和正确方向的指引与规约，将难以发挥人才应有的正能量作用，相反可能起消极作用，甚至成为祸国殃民的危险分子。试想一下，如果讲理想信念的人在理想信念、职业操守，乃至对社会公德上出了问题，那将会对一般社会民众产生广泛的不良社会影响，会造成人们思想上不同程度的混乱，甚至可能动摇人们对现实政治原则和社会道德规范的信任，消解人们对红色基因的内在认同。因此，必须高度重视人才思想政治素质的统帅作用。习近平总书记站在全局和战略高度，多次强调“国无德不兴，人无德不立”的重要思想，深刻阐释了新时期人才思想政治素质的基本要求。作为一名党的红色基因的传承者、传播者，要有坚定的理想信念，在思想上时刻保持政治清醒，始终听党话、跟党走，任何时候任何情况下都以党的方向为方向、以党的旗帜为旗帜、以党的意志为意志，始终保持一颗爱党心、爱民心，把个人的人生追求同国家前途、民族命运紧紧结合在一起，同人民福祉紧紧结合在一起，努力做对国家、对民族、对人民有贡献的人。

（二）加强监督与管理

现实世界是一个多元化、充满各种诱惑的时代，传承、传播红色基因的人才队伍中也会出现各种各样的问题。这项工作关系党和国家前途命运，必须强化监管意识。

在监管方面，目前也存在一些不容忽视的问题。如：有的人利用国家和社会提供的各种教育平台和教育资源，随意传播一些没有经过调查研究、没有经过实践检验的错误理论和虚假事实，断章取义，哗众取宠，严重违背教育者的良知和道德，违背教育者的责任和义务。言论、思想和学术自由的确是社会主义的基本原则，但任何不能实事求是，不加以全面仔细研究和深入分析，就肆意扭曲党的历史以迎合某种立场和利益集团，虚妄批判马克思主义理论以达到某种政治目的和不良企图，都是应该受到谴责和批判的，更不能允许其占据和担负红色文化的教育和传播如此重要的岗位和责任。因此，各级宣传、教育、组织、人事主管部门应增强政治责任感，切实担起培植与传承红色基因的政治责任，建立科学合理的裁汰和监管机制，确保在红色文化传播中、在红色基因的传承中没有杂音，始终保持正确政治方向。

（三）领导干部要率先垂范，发挥“关键作用”

在队伍建设中，尤其必须强调的是，领导干部要率先垂范做好示范，在传承红色基因中发挥“关键作用”。

领导干部的人格感召力，既是党的红色基因形成发展的重要推动力，也是新的历史时期培植红色基因的强大正能量。作为领导干部，第一，要把培育和传承红色基因作为自己的重大责任与担当，进一步增强传承红色基因的自觉性责任感，切实抓好抓实抓长，抓出实效来。第二，要切实加强学习研究，带头学好悟透红色基因的内涵和本质，不断增进对红色基因的情感认同、理性认同和行为认同，打牢传承红色基因的思想政治根基。第三，要有担当意识，切实担负起传播党的红色基因的政治责任，要满腔热情、及时为普遍党员干部释疑解惑，尤其要发扬斗争精神，理直气壮驳斥意识形态的种种歪理邪说，引导党员干部珍视红色基因、自觉传承红色基因。第四，要深入研究新时代中国特色社会主义建设实践出现的新情况新问题，积极探索运用红色基因铸魂育人、凝神聚力的新途径新办法，不断增强“传”的时代性和感召力。第五，要把自觉传承红色基因作为政治品格和价值追求，时时处处对照红色基因修己正身，做新时代传承红色基因的模范。

参考文献

1.《毛泽东选集》第四卷，人民出版社 1991 年版。

2.《邓小平文选》第二卷，人民出版社 1994 年版。

3.《邓小平文选》第三卷，人民出版社 1993 年版。

4.《习近平谈治国理政》，外文出版社 2014 年版。

5.《习近平谈治国理政》第二卷，外文出版社 2017 年版。

6.《习近平谈治国理政》第三卷，外文出版社 2020 年版。

7. 习近平：《论中国共产党历史》，中央文献出版社 2021 年版。

8. 中共中央党史和文献研究院编：《毛泽东邓小平江泽民胡锦涛关于中国共产党历史论述摘编》，中央文献出版社 2021 年版。

9. 中共中央党史和文献研究室、中央“不忘初心、牢记使命”主题教育领导小组办公室编：《习近平关于“不忘初心、牢记使命”论述摘编》，中央文献出版社、党建读物出版社 2019 年版。

10. 中共中央文献研究室编：《毛泽东邓小平江泽民论世界观人生观价值观》，人民出版社 1997 年版。

11. 中共中央宣传部、中共中央文献研究室：《论文化建设——重要论述摘编》，学习出版社、中央文献出版社 2012 年版。

12.《中共中央办公厅印发〈关于培育和践行社会主义核心价值观的意见〉》，《人民日报》2013 年 12 月 24 日。

13. 本书编写组：《中国共产党简史》，人民出版社、中央党史出版社 2021 年版。

14. 简奕、杨新：《信仰的底色——红色基因解码》，人民出版社 2018 年版。

15. 任仲文编：《不忘初心牢记使命：红色基因代代传》，人民日报出版社 2018 年版。

16. 洪向华：《党内政治文化：新时代中国共产党成功的基因》，人民出版社 2018 年版。

17. 苏进等编著：《精神的力量》，济南出版社 2019 年版。

18. 张海峰、刘焕峰、樊军娟：《弘扬革命文化传承红色基因》，重庆出版社 2019 年版。

19. 刘孟信、丁耀编：《红色基因代代相传》，金盾出版社 2017 年版。

20. 本书编写组：《红色基因》，党建读物出版社 2016 年版。

21. 李少斐：《社会主义理想信念教育方式、方法再探讨》，社会科学文献出版社 2016 年版。

22. 程霞：《社会主义核心价值观引领社会思潮机制》，西安电子科技大学出版社 2016 年版。

23. 黄明理：《马克思主义魅力与信仰研究》，人民出版社 2016 年版。

24. 郑有荃：《大国信仰（社会主义理想信念读本）》，人民日报出版社 2016 年版。

25. 包雅玮：《高校社会主义核心价值观教育研究》，中国社会科学出版社 2016 年版。

26. 原良志、陈瑞等编：《红色基因：中国共产党优良作风形成与传承的经典事例》，中央文献出版社 2015 年版。

27. 孙正聿:《理想信念的理论支撑》，吉林人民出版社 2014 年版。

28. 孙林编著:《传家宝：中国共产党战无不胜的利器》，石油工业出版社 2014 年版。

29. 刘建军:《守望信仰》，人民出版社 2013 年版。

30. 蒋建国:《凝聚在共同理想和信念的旗帜下》，人民出版社 2013 年版。

31. 郭剑敏:《新世纪红色影视剧与红色文化的打造及传播》，浙江工商大学出版社 2012 年版。

32. 迟海波主编:《红色文化资源》，吉林人民出版社 2011 年版。

33. 王爱军等主编:《多维视野下的红色文化》，西南交通大学出版社 2011 年版。

34. 刘金田主编:《红色精神》，湖南教育出版社 2011 年版。

35. 张爱芹、王以第:《红色文化与道德建设研究》，中国海洋大学出版社 2008 年版。

36. 杨忠虎编著:《永恒的旋律　优良传统篇》，解放军出版社 2006 年版。

37. 何怀远:《社会主义制度意识形态研究》，解放军出版社 2006 年版。

38. 赵保真、徐文学、张锡贵主编:《中国共产党的优良传统和作风(增订本)》，陕西人民教育出版社 1991 年版。

39. 吴格言:《文化传播学》，解放军出版社 2006 年版。

后 记

本书由国防大学军事管理学院中共党史党建教研室杨玉玲教授牵头负责，国防大学军事管理学院中共党史党建教研室刘志兵教授、范晓春教授、闫耀升讲师，国防大学政治学院裴超讲师、何雯讲师共同参与。

本书在写作过程中，吸收借鉴了学界众多专家学者的研究成果，谨在此表达诚挚的感谢。受知识与水平的限制，书中疏漏和不妥之处难免，敬请诸位专家学者、广大读者批评指正。

课题组

2023 年 9月

责任编辑：曹　春

图书在版编目（CIP）数据

红色基因的培植与传承研究 / 杨玉玲 等 著．—北京：人民出版社，
2024.5（2025.8 重印）
ISBN 978－7－01－026457－8

Ⅰ.①红…　Ⅱ.①杨…　Ⅲ.①革命传统教育－研究－中国　Ⅳ.① D642

中国国家版本馆 CIP 数据核字（2024）第 068006 号

红色基因的培植与传承研究

HONGSE JIYIN DE PEIZHI YU CHUANCHENG YANJIU

杨玉玲　刘志兵 等 著

人民出版社 出版发行
（100706　北京市东城区隆福寺街 99 号）

北京建宏印刷有限公司印刷　新华书店经销

2024 年 5 月第 1 版　2025 年 8 月北京第 2 次印刷
开本：710 毫米 ×1000 毫米 1/16　印张：13
字数：170 千字

ISBN 978－7－01－026457－8　定价：78.00 元

邮购地址 100706　北京市东城区隆福寺街 99 号
人民东方图书销售中心　电话（010）65250042　65289539

版权所有・侵权必究
凡购买本社图书，如有印制质量问题，我社负责调换。
服务电话：（010）65250042